5.-10. Schuljahr

Rudi Lütgeharm

Stationenlernen Sport

... in der Sekundarstufe

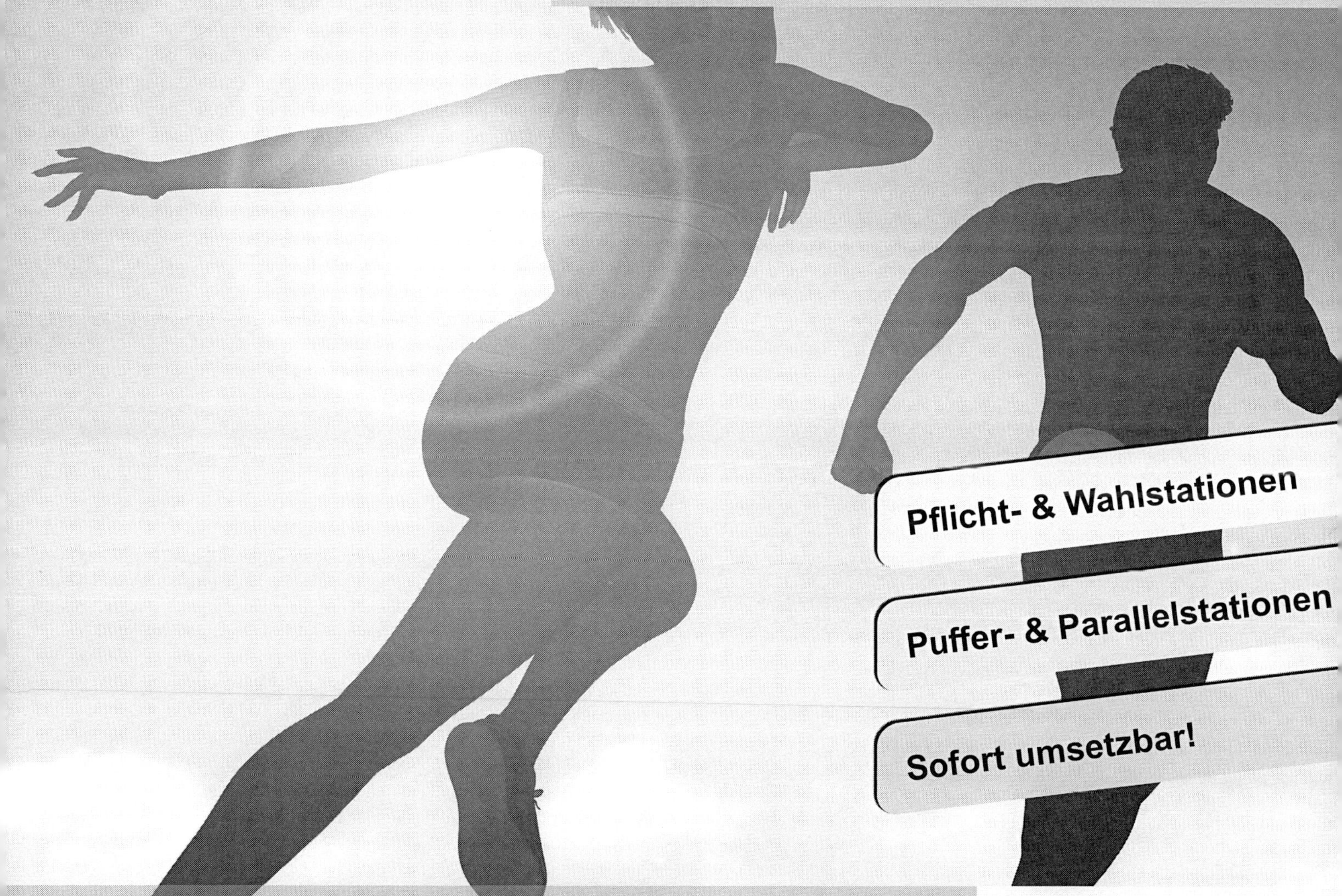

Pflicht- & Wahlstationen

Puffer- & Parallelstationen

Sofort umsetzbar!

- Leichtathletik & Geräteturnen
- Kondition & Koordination
- Outdoor Fitness
- Spiel- & Übungsformen

www.kohlverlag.de

Stationenlernen Sport in der Sekundarstufe

Schulung konditioneller und koordinativer Fähigkeiten

1. Auflage 2022

Inhalt: Rudi Lütgeharm
Illustrationen: Scott Krausen
Redaktion: Kohl-Verlag
Grafik & Satz: Kohl-Verlag
Druck: farbo prepress GmbH, Köln

Bestell-Nr. 12 800

ISBN: 978-3-98558-198-6

Bildquellen © AdobeStock:

S. 10: AntonioDiaz, Jovan, dmshpak, kroko021; **S. 13:** Coka, Jale Ibrak; **S. 14:** AntonioDiaz, Pixel-Shot, Coka, wolf1984, pavelav (2x); **S. 16:** michaklootwijk; **S. 47:** wektorygrafika (14x); **S. 49:** Wise ant, Andrii (21x), **S. 51:** lichtmensch; **S. 52:** scott burd-EyeEm, Simona Bottone, antpkr, UrbanExplorer; **S. 53:** pab_map; **S. 54:** amriphoto.com, Klaus von Kassel, Jovan, Kzenon, yurakrasil, wolf1984, dojo666, serhiibobyk; **S. 55:** Sanja, Jale Ibrak, contrastwerkstatt, arvin, skumer, BGStock72; **S. 58:** RealVector (16x), Andrii (12x); **S. 60/62:** lar01joka (45x); **alle Pylone-Bilder:** martialred.

Inhaltsverzeichnis

Stationenlernen Sport in der Sekundarstufe
Schulung konditioneller und koordinativer Fähigkeiten – Bestell-Nr. 12 800

1 Vorwort und Einführung

Im Fach Sport steht das Sich-Bewegen im Mittelpunkt. Der Unterricht soll bei allen die Freude an der Bewegung und am gemeinsamen Sporttreiben wecken/erhalten. Er soll Fairness, Toleranz, Teamgeist und Leistungsbereitschaft fördern. Durch das Erleben von Lernen und Leistung beim Sport werden Lern-/Methodenkompetenz besonders erfahrungsnah herausgebildet. Durch Mitgestaltung/Eigenorganisation von Prozessen wird zur Selbstständigkeit erzogen und Wissen mit Bezug auf Körperlichkeit und Bewegung erweitert.[1] Die o.g. Punkte machen deutlich, dass sich die „Institution Schule“ selbst und „jeder Sportlehrer vor Ort“ die Frage stellen muss, ob der Sportunterricht andere Inhalte enthalten und teilweise zeitgemäßer gestaltet werden muss.

Eine mögliche Konsequenz wäre der vermehrte Einsatz der Unterrichtsmethode des Stationenlernens.

In Form des Stationenlernens üben und trainieren die Schüler gleichzeitig methodische und inhaltliche Ziele. Die Arbeit an den Stationen fördert das selbstständige Lernen und Üben jedes einzelnen Schülers. Das Stationenlernen fördert aber auch die Motivation der Schüler, da die Vielfalt der Aufgaben und Materialien meistens positive Lernerfahrungen ermöglichen. Das Stationenlernen ist deshalb auch eine entsprechende methodische Antwort auf evtl. Motivationsprobleme bei den Schülern.

Das Stationenlernen beschreibt das umfassende Angebot mehrerer Lernstationen im Rahmen einer übergeordneten Thematik. Die einzelnen Stationen bieten den Schülern die Möglichkeit, unter Berücksichtigung der jeweiligen Voraussetzungen sich selbstständig mit den Aufgaben auseinanderzusetzen und eigenverantwortlich angemessene Lösungswege zu finden. Die Schüler in der Sekundarstufe haben ganz sicher während ihrer Schulzeit mehrfach Erfahrungen mit dem Stationenlernen in Form des bekannten Zirkeltrainings gemacht. In den letzten Jahren wurde das Stationenlernen im Grundschul- und im Sekundarbereich intensiviert und auch auf andere Fächer übertragen. Um Stationenlernen erfolgreich im Sportunterricht (man denke hierbei an Fürsorge- und Aufsichtspflicht) durchzuführen, ist eine gute und sorgfältige Vorbereitung entscheidend.

Dieses Buch erklärt und macht deutlich ...

- was man unter Stationenlernen überhaupt versteht;
- was charakteristisch für das Stationenlernen ist;
- welche Formen des Stationenlernens es gibt;
- welche unterschiedlichen Arten es gibt – Standard-/Parallel-/Pufferstationen;
- welche Vor- und Nachteile das Stationenlernen mit sich bringt;
- wie das Stationenlernen geplant und vorbereitet werden muss;
- wie das Stationenlernen in der Praxis erfolgreich durchgeführt wird.

Die sich anschließenden praktischen Beispiele in Form des Stationenlernens decken hierbei die Kernthemen der Lehrpläne Sport für die Klassen 5-10 ab. Es folgen Beispiele zum Verbessern der konditionellen und koordinativen Fähigkeiten, aus den Lernbereichen Turnen, Leichtathletik, Sportspiele und „Outdoor-Fitness“ = Sport im Freien. Das Buch zeigt Möglichkeiten auf und veranschaulicht mit viel Praxis, dass gerade das Stationenlernen eine interessante Methode ist, um den Schülern einen anderen Zugang zu den sportlichen Inhalten zu ermöglichen. Sportlehrer, aber auch fachfremd unterrichtende Lehrkräfte finden in diesem Buch viele Anregungen und Beispiele, um das Stationenlernen auch mit ihren Klassen und Gruppen sofort umzusetzen.

Viel Spaß und Erfolg beim Umsetzen der vielfältigen motorischen Angebote in Form des Stationenlernens wünschen der Kohl-Verlag und

Rudi Lütgeharm

[1] Staatsministerium für Kultus – Freistaat Sachsen: Lehrplan Oberschule Sport, S. 2

2 Was versteht man überhaupt unter Stationenlernen?

Stationenlernen ist eine schülerorientierte Unterrichtsmethode, für die auch häufig Bezeichnungen wie „Lernen an Stationen", „Stationenbetrieb", „Stationenarbeit", „Lernstraße", „Lernparcours" und „Lernzirkel" verwendet werden.

Beim Stationenlernen arbeiten die Schüler anhand vorbereiteter Materialien/Geräte an Lernstationen.

Beim Stationenlernen sind in der Regel an verschiedenen Positionen im Raum und/oder auf dem Sportplatz – den Lernstationen – Aufgaben unterschiedlichster Art ausgelegt, die nacheinander von den Schülern bearbeitet werden sollen.

Die Aufgaben stehen in einem übergeordneten thematischen Zusammenhang, z. B. „Kräftigen der Bauch- und Rückenmuskulatur", können aber meistens unabhängig und in unterschiedlicher Reihenfolge ausgeführt werden.

Beim Stationenlernen wird durch Auswahl und Art der Aufgaben eine Vielfalt möglicher Zugänge zum Thema machbar. Außerdem sind durch die Gestaltung der Stationen in Form von Parallel- und Pufferstationen weitere interessante Varianten möglich.

- Beim Stationenlernen lernen die Schülerinnen und Schüler in der Regel selbstgesteuert und eigentätig anhand vorbereiteter Materialien.
- Die Methode weist den Schülern eine aktive und verantwortungsvolle Rolle innerhalb des Lern- und Übungsprozesses zu.
- Die Methode kann zum Üben, Trainieren, Vertiefen, Lernen und zur Leistungsüberprüfung eingesetzt werden.
- Das Stationenlernen beschreibt das zusammengesetzte Angebot mehrerer Lernstationen im Rahmen einer übergeordneten Thematik.

Die ersten Erfahrungen mit dem Stationenlernen machen die Jungen und Mädchen in der Regel in Form des bekannten Zirkeltrainings.

Was ist charakteristisch für das Stationenlernen?

Beim Stationenlernen erhalten die Schülerinnen und Schüler in Form von Stationen Pflicht- und evtl. Wahlaufgaben. Abhängig vom Thema/Inhalt haben die Schüler manchmal Wahlmöglichkeiten hinsichtlich Reihenfolge der Aufgaben und Sozialform (Einzel-, Partner-, Gruppenarbeit), um die Aufgaben in einer bestimmten Zeit zu lösen.

Diese Methode weist den Lernenden eine aktive und verantwortungsvolle Rolle zu, da die Schüler selbstgesteuert und eigentätig anhand vorbereiteter Materialein, die in Lernstationen angeordnet sind, lernen.

Stationenlernen Sport in der Sekundarstufe
Schulung konditioneller und koordinativer Fähigkeiten – Bestell-Nr. 12 800

2 Was versteht man überhaupt unter Stationenlernen?

Folgende Merkmale sind typisch für das Stationenlernen:

- In einer geplanten und vorbereiteten Lernumgebung stehen verschiedene Teilbereiche/ Aufgaben eines Themas zur gleichen Zeit zur Verfügung.
- Die Teilthemen/-bereiche sind in Stationen organisiert. Die Schüler erhalten entweder zu Beginn des Übens die Stationskarten oder finden diese mit den Aufgaben, Hinweisen und veranschaulichenden Abbildungen an den Stationen.
- Die Schüler lernen/üben das fachliche Angebot weitgehend selbstständig und selbsttätig von Station zu Station gehend in Einzel-, Partner- und/oder Gruppenarbeit.
- Der organisatorische und zeitliche Rahmen wird von der Lehrkraft vorgegeben. Das Lern- und Übungstempo bestimmen die Schüler selbst.
- Die Lehrkraft übernimmt mehr und mehr die Rolle des Beobachters, Beraters, Unterstützenden und Helfers.

Das Stationenlernen ...

- fördert in besonderer Weise die Eigentätigkeit der Schüler;
- ermöglicht allen Schülern eine gleichzeitige aktive Mitarbeit allein, zu zweit oder in der Gruppe;
- eröffnet den Schülern Gelegenheiten zu mehr Partizipation, z. B. Mitwirkung bei der Planung/Gestaltung der Stationen;
- kann evtl. eine methodische Antwort auf Motivationsprobleme bei Schülern sein;
- ermöglicht eine interessante Darbietung der Lerninhalte, weil sie vielseitig und variantenreich angeboten werden;
- fordert die Lehrkraft ganz besonders in der Planung und Unterrichtsvorbereitung.

Beispiel: Kräftigen der Hauptmuskelgruppen

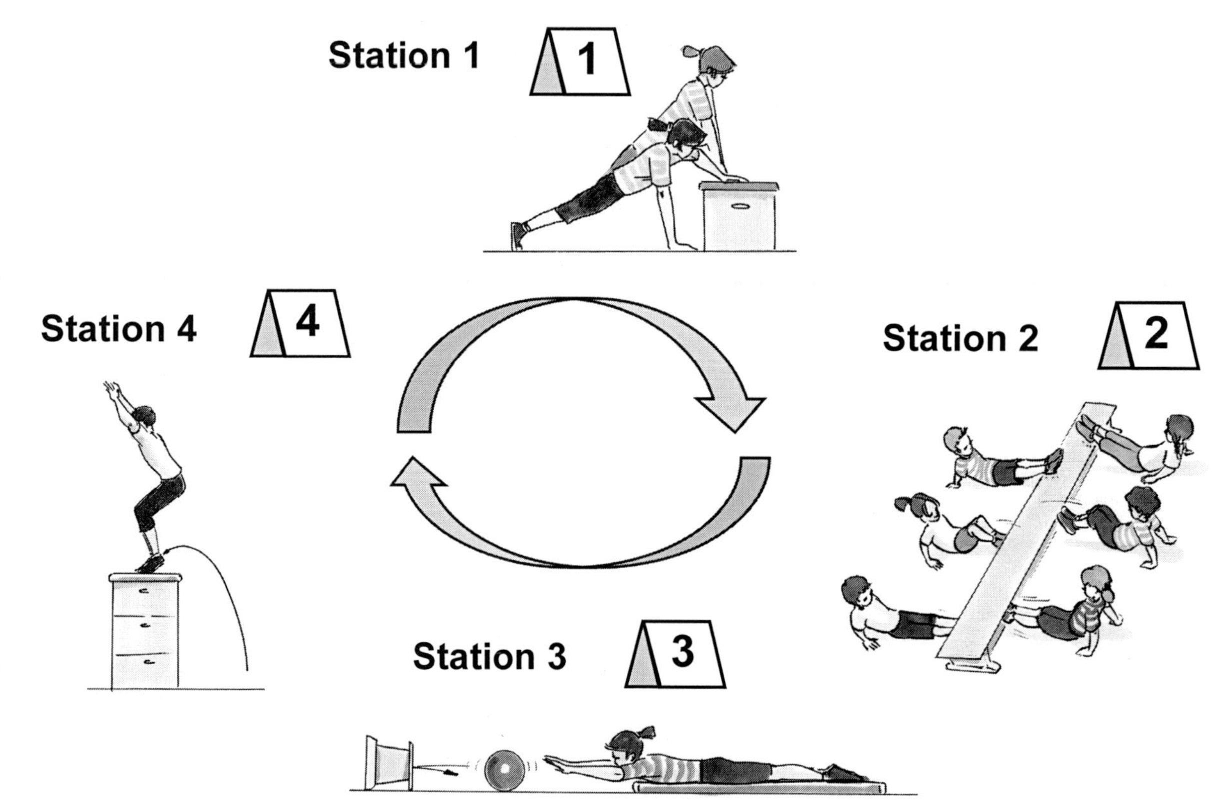

2 Was versteht man überhaupt unter Stationenlernen?

Station 1

Aufgabe: Stütze mit deinen Händen auf den kleinen Kasten, ohne dabei die Füße zu verändern: erst die rechte Hand auf die Bank, dann sofort danach die linke. Anschließend wieder die rechte Hand auf den Boden führen und dann die linke Hand usw.

Wertung: beide Hände auf der Bank = 1 Punkt

Zu einfach?
Hebe dabei ein Bein leicht vom Boden ab.

Material: kleiner Kasten

Station 2

Aufgabe: Lege deine Füße im Strecksitz auf die Bank:

Hebe die Beine an, beuge die Knie (Anhocken der Beine) und strecke die Beine unter die Sitzfläche der Bank. Lege sie dort kurz ab; hocke sie dann wieder an und führe sie gestreckt über die Bank. Lege die Beine dort kurz ab usw.

Wertung: jedes Strecken unter der Sitzfläche der Bank = 1 Punkt

Zu einfach?
Die Beine nicht mehr unten bzw. oben ablegen.

Material: Turnbank

Station 3

Aufgabe: Gehe in die Bauchlage auf einer Matte (Abstand zur Bank ca. 2-3 m), die Schultern schließen mit der Mattenkante ab:

Hebe den Oberkörper und die Arme vom Boden ab und stoße den Ball mit beiden Händen kräftig weg, sodass er gegen die umgekippte Sitzfläche der Bank rollt und anschließend wieder zum Ausgangspunkt zurückkommt. Annahmebereit sein und gleich wieder wegstoßen.

Wertung: Jede erfolgreiche Ballannahme nach Rücklauf des Balles = 1 Punkt

Zu einfach?
Vergrößere den Abstand zur Bank.

Material: Turnbank, Matte, Medizinball

Station 4

Aufgabe: Springe mit einem Schlusssprung auf den dreiteiligen großen Kasten. Springe nach vorne ab, drehe dich um und springe erneut auf den großen Kasten.

Wertung: Jeder beidbeinige Sprung auf den großen Kasten = 1 Punkt

Zu einfach?
Springe rückwärts ab.

Material: großer Kasten – dreiteilig

Ursprünge und Entstehung

Die Ursprünge des Stationenlernens gehen auf reformpädagogische Methoden und Techniken zurück, wie sie vor allem in den Arbeitsateliers bei C. Freinet und den *Subject Corners* von H. Parkhurst (*Education on the Dalton-Plan 1922*) entwickelt wurden. Bei Freinet waren die Lernstationen noch nicht in Form eines Lernzirkels organisiert und der Planunterricht von Parkhurst war eher individuell angelegt. Einen entscheidenden Impuls für die Stationenarbeit gaben Ronald Ernest Morgan und Graham Thomas Adamson, die 1952 das bekannte Zirkeltraining (*circuit training*) für den Sport entwickelten. Dies ermöglichte es den Sportlern, eine Anzahl von Übungsstationen entweder der Reihe nach oder in freier Auswahl zu durchlaufen. Die Grundidee aus dem Zirkeltraining wurde später auf Lernaufgaben übertragen.

3 Formen des Stationenlernens

Das Stationenlernen ist eine Form des Offenen Unterrichts, bei dem das selbstbestimmte Lernen der Schüler im Vordergrund steht.

Man unterscheidet verschiedene Formen des Stationenlernens wie „Geschlossenes Stationenlernen“ oder „Offenes Stationenlernen“, die den Schülern mal mehr, mal weniger Raum für eigene Entscheidungen geben.

Die folgenden Beschreibungen und die genannten Beispiele erleichtern es dem Sportlehrer, die entsprechende Form des Stationenlernens für seine Klasse/Gruppe zu finden/wählen. Weitere Hinweise zum Einsatz und zur Auswahl der passenden Form des Stationenlernens erfolgen im Kapitel „Hinweise zum Einsatz dieses Buches“.

A) <u>Geschlossenes Stationenlernen</u>

Bei dieser Form ist die Reihenfolge der Lernstationen vorgegeben. Um eine Differenzierung zu ermöglichen, werden jedoch unterschiedliche Einstiegs- und Endstationen angeboten. In der Praxis heißt das, dass manche Schüler an der Station 1 beginnen, andere leistungsstärkere Schüler aber gleich an der Station 2 oder 3 beginnen.

Beispiel:

Station 1

Aufgabe: Laufe mit wenigen Schritten an, fasse die Holme, springe mit dem vorderen Bein ab und schwinge „scherend“ mit intensivem Schwungbeineinsatz (anderes Bein) über den Holm. Die Landung erfolgt in der Schrittstellung auf dem Schwungbein, laufe einfach in Bewegungsrichtung weiter.

Hinweise: Die ersten Übungen werden am bauch- bis brusthohen Stützbarren ausgeführt.

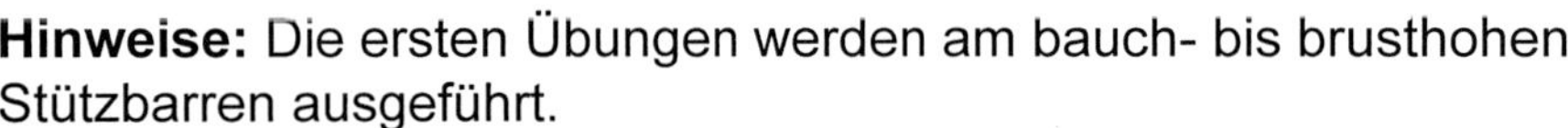

Station 2

Aufgabe: Schließe vor dem Überschwingen des Holmes die Beine und strecke die Hüfte, um eine beidbeinige Landung zu ermöglichen.

Hinweise: Versuche, bei der Kehre über den rechten Holm den rechten Holm mit der linken Hand zu erfassen.

Station 3

Aufgabe: Stand auf dem kleinen Kasten:

Greife etwas mit den Händen nach vorn, fasse die Holme und turne mit einem kräftigen Vorschwung die Kehre über den Holm.

Hinweise: Das leichte Nachvorngreifen der Hände ermöglicht einen besseren Vorschwung für die Kehre. Wer es noch nicht ganz schafft, schwingt mit dem Gesäß auf den Holm und rutscht anschließend seitwärts in den Stand.

Station 4

Aufgabe: Springe in den Stütz und turne mit sofortigem Vorschwung eine Kehre rechts oder links über den Holm in den Stand.

Hinweise: Evtl. kann anfangs auch ein Sprungbrett als Absprunghilfe vor der Holmengasse stehen.

3 Formen des Stationenlernens

B) Offenes Stationenlernen

Bei dieser Form haben die Schüler die freie Wahl, an welcher Station sie mit dem Üben beginnen. Um aber ein Chaos zu vermeiden und einen reibungslosen Ablauf zu gewährleisten, sollte danach die vorgeschlagene Reihenfolge (nummerische Abfolge) eingehalten werden, d. h. wer an der Station 2 beginnt, geht anschließend zur Station 3, wer an Station 4 beginnt, geht danach zur Station 1 usw.

Beispiel: Koordinative Fähigkeiten schulen und verbessern

Station 1

Aufgabe: Hebe den Oberkörper in der Bauchlage etwas vom Boden ab und rolle mit fast gestreckten Armen nach rechts und danach weit nach links und anschließend wieder nach rechts usw. Dein Blick geht zum Boden – keine Hohlkreuzhaltung.

Station 2

Aufgabe: Gehe in die Rückenlage mit aufgesetzten Füßen:

Hebe den Rücken an und gehe in die Nackenbrücke. Rolle nun den Ball mit der rechten Hand unter der Brücke hindurch zur linken Hand. Nimm den Ball mit der linken Hand an und rolle ihn dann wieder zur rechten Hand.

Station 3

Aufgabe: Prelle mit der geübten Hand einen Gymnastikball und trage gleichzeitig dabei einen Medizinball auf dem Kopf, gehe so langsam vorwärts.

Station 4

Aufgabe: Gehe in den Liegestütz vorlings mit geschlossenen Füßen:

Wirf einen Gymnastikball mit einer Hand hoch und fange ihn dann mit der anderen Hand auf. Anschließend gegengleich üben.

C) „Pufferstationen"

Beim Einsatz von Großgeräten wie Barren, Recke oder Böcke kann es leicht zu Staus kommen. Um dies zu verhindern bzw. aufzufangen, sollte hier zusätzlich eine sog. „Pufferstation" angeboten werden, an der die Schüler die „Wartezeit" aktiv-übend verbringen können.

Beispiel:

Weil am Bock immer nur ein Schüler „springen" kann und oft auch noch „Hilfestellung" benötigt, sind dann Staus oft nicht zu vermeiden. Es ist empfehlenswert, hier eine sog. „Pufferstation" zusätzlich einzurichten, an der die Schüler so lange etwas anderes üben können, bevor sie dann an der eigentlichen Station üben.

„Pufferstation"

Aufgabe: 2 Partner gegenüber in Rückenlage mit den Füßen am selben kleinen Kasten, einer hält einen Ball über dem Kopf:

Beide Partner richten sich auf, sodass der Ball übergeben werden kann. Dann wird der Oberkörper wieder abgesenkt usw.

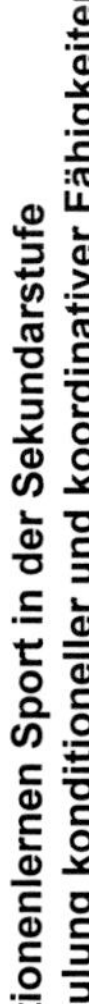

D) Unterteilte Stationen – in Pflicht- und Wahlaufgaben

Der Pflichtkreis enthält Pflichtstationen, die in der Regel von allen Schülern bearbeitet werden müssen. Der Wahlkreis dagegen bietet Aufgaben, die freiwillig von den Schülern gewählt werden können und in der Regel vertiefende (anspruchsvollere) Aufgaben zu den jeweiligen Inhalten des Pflichtkreises beinhalten.

Beispiele:

Pflichtkreis	Wahlkreis
Kräftigen der Arm-, Schulter- und Brustmuskulatur	

Schulen und Verbessern koordinativer Fähigkeiten	

Kräftigen der Bauchmuskulatur	

E) Unterteilte Stationen – in Parallelstationen

Hier bieten mehrere ausgewählte Stationen (A, B und C) unterschiedliche Wege zur Bewältigung der gestellten Aufgabe. Durch die Verschiedenartigkeit der gestellten Aufgaben sind Parallelstationen für die Schüler hoch motivierend. Es bedarf allerdings einer intensiven und komplexen Vorbereitung durch den Sportlehrer.

Beispiel: Kräftigen der Bauchmuskulatur

Station A	Station B	Station C

Stationenlernen Sport in der Sekundarstufe
Schulung konditioneller und koordinativer Fähigkeiten – Bestell-Nr. 12 800

4 Stationenlernen im Sportunterricht der Sekundarstufe

Das Stationenlernen im Sportunterricht beinhaltet die wiederholte Ausführung von ähnlichen oder unterschiedlichen Übungen ohne Gerät, mit Gerät und an Geräten an den einzelnen Stationen. Das Lernen und Üben findet an Stationen statt, die meistens im Oval oder im Kreis in der Sporthalle angeordnet sind. Das Lernen und Üben an den Stationen kann in Einzelarbeit, mit dem Partner und in Gruppen erfolgen.

Jede der Stationen in der Sporthalle und/oder auf dem Sportplatz/im schulnahen Gelände enthält bestimmte Teilaspekte eines übergeordneten Lern- und Übungsthemas mit den entsprechenden Materialien/Geräten sowie der Stationskarte mit Aufgabe(n) und Abbildung(en). Die Reihenfolge der Stationenbearbeitung ist vom Thema/Inhalt abhängig und wird vorher festgelegt oder ist freigestellt.

Beispiel: Kräftigen der Hauptmuskelgruppen

Das oben bildlich dargestellte Beispiel macht deutlich, dass das Stationenlernen im Sportunterricht durch die doch recht unterschiedlichen Aufgabenstellungen mit Geräteinsatz verschiedene Zugänge zu den Lern- und Übungsinhalten ermöglicht.

Das Stationenlernen …

- fördert die Motivation der Schüler, da die Vielfalt der Aufgaben und Materialien meistens positive Lernerfahrungen ermöglicht;
- fördert die Methodenkompetenz der Schüler, da jeder einzelne lernt bzw. „erfährt", wie er die ausgewählten motorischen Aufgaben am besten lösen kann;
- im Sportunterricht der Sekundarstufe kann einzeln, aber auch mit einem Partner oder in der Gruppe erfolgen;
- mit dem Partner und in kleinen Gruppen schult das Kooperationsvermögen und das kommunikative Verhalten (insgesamt ergeben sich vielfältige Möglichkeiten zur Entwicklung sozialen Verhaltens, auch im Sinne gegenseitiger Hilfen und Unterstützung);
- eignet sich deshalb auch besonders für größere Gruppen, z. B. ganz normale Schulklassen.

Der Arbeitsaufwand zum Planen/Erstellen und Organisieren eines Lern-/Übungszirkels ist relativ groß. Allerdings kann ein gut durchdachtes und vorbereitetes Stationenlernen auch immer wieder eingesetzt werden.

Stationenlernen Sport in der Sekundarstufe
Schulung konditioneller und koordinativer Fähigkeiten – Bestell-Nr. 12 800
KOHL VERLAG

4 Stationenlernen im Sportunterricht der Sekundarstufe

In der Sekundarstufe ist Stationenlernen grundsätzlich geeignet, um …

- konditionelle Fähigkeiten zu schulen und zu verbessern,
  z. B. Kräftigen der Hauptmuskelgruppen;
- koordinative Fähigkeiten zu schulen und zu verbessern,
  z. B. Schulen der Gleichgewichts-, Reaktions-, Anpassungs-, Orientierungs- und kinästhetischen Differenzierungsfähigkeit;
- turnerische Grundformen zu lernen und zu üben,
  z. B. Lernen/Üben der Flugrolle oder der Hocke über den Bock;
- leichtathletische Grundformen zu lernen und zu üben,
  z. B. Vorbereiten des Kugelstoßens, Lernen und Üben des Schleuderballwurfs.

Auswahl der Übungen

Damit das Stationenlernen ohne Probleme durchgeführt werden kann, muss schon die Auswahl der Übungen an den einzelnen Stationen unter Berücksichtigung des Leistungsvermögens der einzelnen Schüler, des Leistungsniveaus der gesamten Klasse und der örtlichen Voraussetzungen in der jeweiligen Sporthalle erfolgen. Der Sportlehrer kennt seine Klasse/Gruppe und die örtlichen Gegebenheiten und trifft aufgrund seiner Erfahrungen die entsprechende Auswahl. Erfahrungsgemäß zeigt die Praxis auch, dass die Methode „Stationenlernen" nicht für jede Klasse bzw. Gruppe vorbehaltlos eingesetzt werden kann. Der Sportlehrer muss aufgrund seiner Erfahrung prüfen, ob das Thema in Form des Stationenlernens für seine Gruppe/Klasse geeignet ist. Es muss auch überlegt werden, welche Form des Stationenlernens für das ausgewählte Thema geeignet ist.

Folgende Punkte sind bei der Auswahl der Übungen bzw. der Aufgabenstellung unbedingt zu beachten:

– Grundsätzlich werden nur Übungen ausgewählt und/oder Aufgaben gestellt, die von allen Mädchen und Jungen zumindest in der Grobform ausgeführt werden können.

– Die Übungen sollten möglichst einwandfrei zu kontrollieren sein, d. h. der Schüler selbst oder der Partner muss erkennen können, ob die Übung korrekt ausgeführt worden ist. Dieser Anspruch ist nicht immer ganz leicht umzusetzen, weil dadurch auch die Auswahl von geeigneten Übungen manchmal eingeschränkt wird.

Nicht immer ganz eindeutig zu kontrollieren:

Rückenlage, die Beine anstellen, Knie gebeugt, die Hände liegen auf den Oberschenkeln, die Füße werden unter dem Balken der Bank fixiert:

Langsames Hochschieben der Hände bis zu den Knien, der Rücken bleibt gerade, die Kopfhaltung ist normal – anschließend wieder langsam absenken.

Hierbei kann es vorkommen, dass manche Schüler die Übung nur flüchtig ausführen, d. h. die Hände nur etwas nach oben schieben und dann schon wieder mit dem Absenken beginnen.

Gut zu kontrollieren:

Im Strecksitz, die Hände stützen neben dem Körper ab:

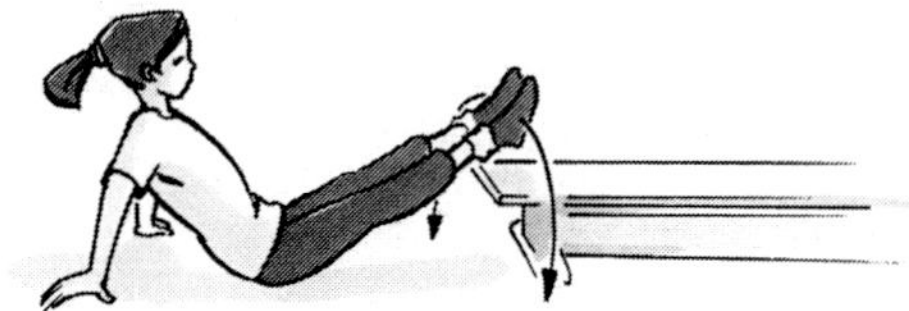

Die fast gestreckten Beine anheben und über die Bank auf die andere Seite führen, dort kurz auf dem Boden ablegen und dann wieder in die Ausgangsstellung zurückkommen. Durch das kurze Ablegen der Beine nach dem Überstreichen der Bank auf dem Boden ist die Übung klar kontrollierbar.

Stationenlernen Sport in der Sekundarstufe
Schulung konditioneller und koordinativer Fähigkeiten – Bestell-Nr. 12 800
KOHL VERLAG

4 Stationenlernen im Sportunterricht der Sekundarstufe

Funktionalität der Übungen

Auch beim Stationenlernen sollte darauf geachtet werden, dass physiologisch richtig geübt wird und nur Übungen ausgewählt werden, die nicht zu Fehlbelastungen des Bewegungsapparates (Gelenke, Bandscheiben, Sehnen, Bänder) führen.

Beispiele: So ist es funktionell richtig

- Liegestütz vorlings, Hände schulterbreit, gerader Rücken: Beugen der Arme, bis die Nase fast den Boden berührt. Anschließend wieder strecken, bis die Ausgangslage erreicht wird. Auf einen geraden Rücken achten – kein Hohlkreuz bilden.
- Kniebeuge: Langsames Beugen der Knie, bis die Oberschenkel fast die Waagerechte erreicht haben (nicht tiefer absenken). Danach langsam wieder in die Ausgangsstellung zurückkommen.

Planung und Vorbereitung des Stationenlernens

Das Stationenlernen ist sehr planungsintensiv und sein Erfolg hängt in hohem Maße von der Qualität der Vorbereitung ab. Um Stationenlernen erfolgreich im Sportunterricht der Sekundarstufe durchzuführen, bedarf es einer guten und sorgfältigen Vorbereitung. Das Stationenlernen nimmt die Lehrkraft in besonderer Weise, z. B. durch Unfallrisiko an den einzelnen Stationen, „in die Pflicht".

Manche Beispiele erfordern einen hohen Materialaufwand, der nicht immer von allen Klassen und Lehrern geleistet werden kann. Der Einsatz von Großgeräten ist häufig für die Schüler motivierender, benötigt aber wesentlich mehr Zeit für den Aufbau/die Vorbereitung. Manchmal müssen „Pufferstationen" geplant werden, um Staus zu vermeiden. Es hat sich bewährt, ein „gemischtes Angebot" in Form der Stationen zusammenzustellen, z. B. eine „aufwendige Station" (Großgeräte) und mehrere schnell organisierbare Stationen mit Handgeräten innerhalb eines Programms. Stationenlernen unter Einsatz von Handgeräten ist generell schnell zu organisieren.

Unter Berücksichtigung der folgenden Punkte trifft der Sportlehrer vor Ort seine Entscheidungen und wählt für die angedachten Ziele/Inhalte die entsprechende Form des Stationenlernens (geschlossenes Stationenlernen, offenes Stationenlernen, Stationenlernen mit Pflicht- und Wahlstationen, Einsatz von Pufferstationen, Parallelstationen):

- örtliche Gegebenheiten wie Sporthalle, Gymnastikraum, Sportplatz, Ausstattung mit Hand- und Großgeräten, Alleinnutzung oder Doppelnutzung etc.;
- fachliche und individuelle Voraussetzungen der Schüler (wenig Erfahrungen mit dem Stationenlernen, die Schüler kennen das Stationenlernen schon aus dem Zirkel-Training, insgesamt eine leistungsstarke Klasse mit guten Voraussetzungen oder eine insgesamt mehr leistungsschwache Klasse mit geringen Bewegungserfahrungen usw.);
- die zur Verfügung stehende Zeit (Einzelstunde von 45 min, Doppelstunde von 90 min oder eine ganz andere Zeitvorgabe);
- …

4 Stationenlernen im Sportunterricht der Sekundarstufe

Beispiele:

Teilaufgaben zur Kräftigung der Arm-, Schulter- und Brustmuskulatur – an 4 Stationen

1. Liegestütz vorlings mit Stütz der Hände auf der Sitzfläche der Parkbank: Arme beugen und strecken. 	**3.** Liegestütz vorlings mit Stütz der Hände auf einer Treppenstufe: Arme beugen und strecken. 
2. Liegestütz rücklings mit gebeugten Beinen und Stütz der Hände auf der Sitzfläche der Parkbank: Arme beugen und strecken. 	**4.** Liegestütz rücklings mit gestreckten Beinen und Stütz der Hände auf der Sitzfläche der Parkbank: Arme beugen und strecken. 

Der Lern- und Übungsraum ist in der Regel die Sporthalle oder ein ähnlich großer Raum, in dem ausreichend Platz für den Aufbau der Stationen vorhanden ist. Auch die Durchführung im Freien, z. B. auf dem Sportplatz, dem Schulgelände und im Park ist möglich.

Ein Übersichtsplan zeigt den Schülern, wo sich die Stationen befinden (aufgebaut werden):

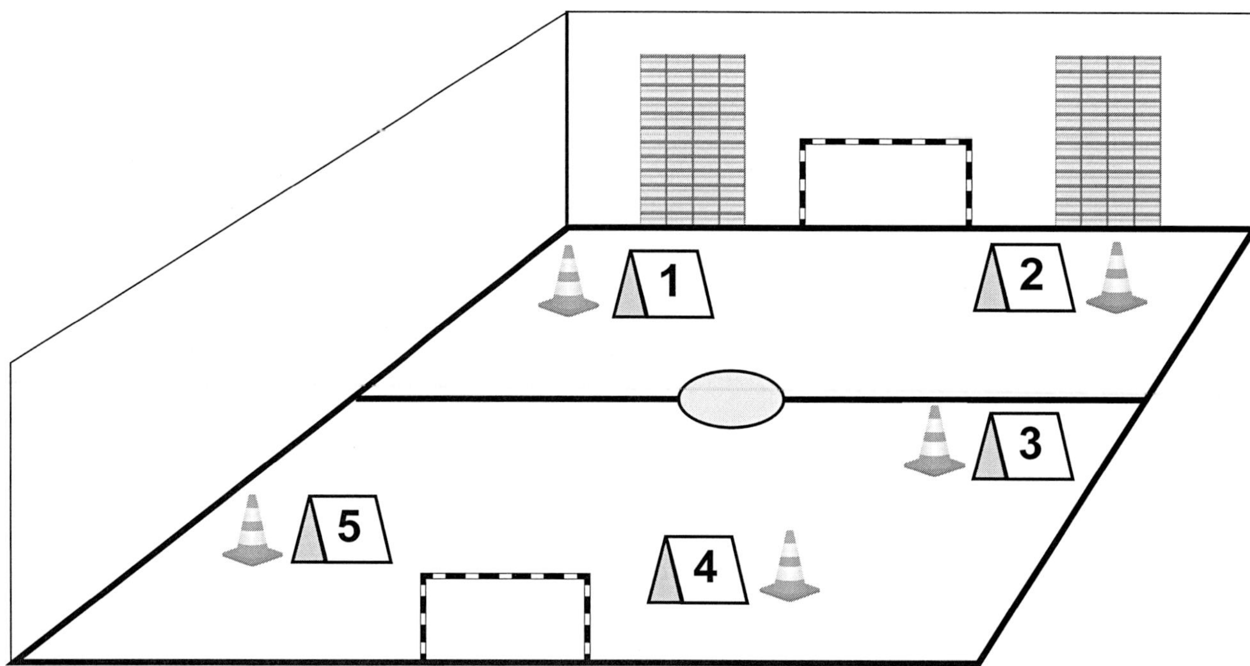

- Die Stationen sind feste, ausgewiesene Orte in der Sporthalle oder auf dem Sportplatz, die durch Pylone oder Pappschilder gekennzeichnet und meistens zusätzlich schon durch die aufgebauten oder ausgelegten Geräte erkennbar sind.
- An der Station selbst liegen in der Regel die Stationskarten mit der Übungsbeschreibung/ Aufgabenstellung und der veranschaulichenden Abbildung. Jede Station bietet eine Teilaufgabe zum ausgewählten Thema/Inhalt.

4 Stationenlernen im Sportunterricht der Sekundarstufe

Gerade im Sportunterricht muss sich die Lehrkraft darüber im Klaren sein, dass das Stationenlernen wegen seiner Offenheit gewisse Gefahren mit sich bringt. Die Besonderheiten/ Gefahren kommen von der Ausführung der Übungen selbst und zum anderen natürlich durch den zusätzlichen Einsatz von Hand- und Großgeräten.

Stationenlernen in der Praxis – Checkliste

- Informiere die Schüler über das anstehende aktuelle Stationenarbeitsthema, z. B. „Kräftigen der Hauptmuskelgruppen in Partnerarbeit".
- Baue die Stationen laut Übersichtsplan gemeinsam mit den Schülern an den vorgesehenen Plätzen auf.
- Markiere die einzelnen Stationen mit den Stationenschildern und evtl. zusätzlich mit Pylonen.
- Wiederhole kurz die Regeln des Stationenlernens für die Schüler.
- Gib bekannt, ob bei dem aktuellen Thema Einzel-, Partner- oder Gruppenarbeit möglich ist und wie der Partner gefunden und/oder die Gruppenbildung erfolgen kann.
- Informiere die Schüler, wie viel Zeit pro Station zur Verfügung eingeplant ist. Die Übungszeit pro Station beträgt je nach Zielsetzung und Inhalten 20-60 Sekunden oder mehrere Minuten.
- Der Wechsel der Stationen erfolgt in dem vorab besprochenen Zeitintervall. Die Lehrkraft sagt die Zeiten für Belastung und Pause an.
- Wenn erforderlich, werden alle Übungen zu Beginn des Stationenlernens von der Lehrkraft oder von einem Schüler demonstriert. Hier kann der Sportlehrer Hinweise zur Ausführung geben.
- Alle Schüler haben beim ersten Mal ausreichend Zeit, die Übungen zu versuchen – „einzuüben".
- Jede Übung sollte so oft wie möglich wiederholt werden.
- Jedes Mädchen und jeder Junge zählt evtl. seine Wiederholungen und trägt die erzielten Ergebnisse auf einem evtl. vorbereiteten Blatt (Laufzettel oder einer Karte mit den Stationen) ein.
- Evtl. kann bei manchen Programmen Musik zur Unterstützung eingesetzt werden.

Der Ablauf des Stationenlernens ist abhängig vom Thema und von der gewählten Form der Stationsarbeit ...

- Wird das Thema in Form des geschlossenen oder offenen Stationenlernens durchgeführt?
- Findet die Stationsarbeit auch mit unterteilten Stationen statt?

In der Praxis sieht das dann meistens so aus ...

- Jeder Schüler beginnt an einer anderen Station (sich aufteilen) und folgt dann dem weiteren nummerischen Verlauf der Stationen oder
- alle Schüler beginnen an derselben Station und teilen sich mit zunehmendem Lernfortschritt an den Stationen auf.
- Die Lehrkraft begleitet die Schüler mit Korrekturen zur Ausführung und motivierenden Hinweisen.

5 Hinweise zum Gebrauch dieses Buches

Dieses Buch zeigt die vielfältigen Möglichkeiten des Stationenlernens im Sportunterricht der Sekundarstufe auf. Die genannten Beispiele sind praxiserprobt, müssen jedoch immer unter Beachtung der eigenen Klasse/Gruppe und der sächlichen Voraussetzungen evtl. modifiziert werden. Die hier genannten Beispiele sind Anregungen, die der Sportlehrer vor Ort verändern und ergänzen kann.

Alle Beispiele sind den folgenden Themenbereichen zugeordnet, wobei sich natürlich auch immer Überschneidungen ergeben. Stationenlernen im Sportunterricht der Sekundarstufe ist sinnvoll, um …

1. **Konditionelle Fähigkeiten** zu verbessern;
2. **Koordinative Fähigkeiten** zu schulen und zu verbessern;
3. **turnerische Grundformen** zu lernen und zu üben,
4. **leichtathletische Grundformen** zu lernen und zu üben,
5. ***Outdoor Fitness*** durchzuführen.

Schon in der Inhaltsübersicht werden die Beispiele einem dieser 5 Schwerpunkte zugeordnet, die Anzahl der Stationen und die fachlichen Schwerpunkte sowie die benötigten Geräte genannt. Dadurch wird es dem Sportlehrer erleichtert, eine Auswahl für seine Klasse/Gruppe zu treffen. Nachdem diese erste Auswahl getroffen worden ist, sieht sich der Sportlehrer das Beispiel in seiner ausführlichen Form an. Nun kann er prüfen, ob er dieses Beispiel so übernehmen kann oder ob Veränderungen bei den Stationen und/oder bei der Anordnung der Stationen vornehmen muss, damit es für seine Klasse/Gruppe passt.

In der Regel wird das Stationenlernen in einer ganz normalen Sporthalle stattfinden, d. h. der Sportlehrer und evtl. auch die Schüler kennen die Übungsstätte aus vorherigen Sportstunden. Diese Kenntnis ist nicht ganz unwichtig, wenn man dabei an die Anordnung der einzelnen Stationen denkt.

Darüber hinaus werden in diesem Buch aber auch Beispiele auf dem Sportplatz und im Park/Gelände vorgestellt.

Aufgrund meiner langjährigen praktischen Unterrichtserfahrung mit dem Stationenlernen im Fach Sport empfehle ich, zunächst Angebote in Form des geschlossenen Stationenlernens zu wählen, damit sich die Schüler an diese Form des Lernens erinnern und mit dieser Methode noch vertrauter werden. Ganz wichtig sind natürlich immer auch die Vorerfahrungen des Sportlehrers mit dem Stationenlernen. Ist ihm diese Methode bekannt oder betritt er Neuland?

Weitere wichtige Überlegungen …

– Wieviel Stationen sind für das ausgewählte Thema angedacht bzw. sinnvoll?
– Findet das Stationenlernen in Einzel-, Partner- oder Gruppenarbeit statt?
– Sind ausreichend Geräte an jeder Station vorhanden? Kann die geplante Station mit ausreichend Geräten ausgestattet werden?
– Wie können Staus an den einzelnen Stationen verhindert werden? Muss evtl. eine „Pufferstation“ eingeplant werden?

5 Hinweise zum Gebrauch des Buches

Erfahrungsgemäß hat es sich bewährt ...

- mit 3-5 Stationen und einer festen Reihenfolge zu beginnen;
- zunächst Aufgaben zu stellen, die von den Schülern ohne Probleme ausgeführt und oft wiederholt werden können;
- die jeweilige Station mit Geräten so auszustatten, dass ein Stau vermieden wird;
- erst dann die Anzahl der Stationen zu erhöhen, anspruchsvollere Aufgaben zu stellen und Wahlmöglichkeiten anzubieten, wenn die Schüler sicherer im Ablauf des Stationenlernens geworden sind ...

Beim Einsatz von Großgeräten wie Barren und Recke bzw. aufwendig gestalteten Stationen kann es manchmal zu Staus kommen. Um dies zu verhindern bzw. aufzufangen, werden manchmal zusätzlich sog. „Pufferstationen“ angeboten, an der die Schüler die „Wartezeit“ übend verbringen können.

Die Beispiele in diesem Buch berücksichtigen die oben genannten Überlegungen, die bei der praktischen Umsetzung des Stationenlernens unbedingt beachtet werden müssen, um einen reibungslosen Ablauf zu gewährleisten. Alle in diesem Buch genannten Beispiele weisen das gleiche Muster auf und haben damit einen hohen Wiedererkennungswert für alle, die sich damit beschäftigen.

Im Titel stehen **die Stationenzahl und das Thema** bzw. der fachliche Schwerpunkt:

Vier Stationen: Arm- und Schultermuskulatur kräftigen – Stützkraft schulen

Darunter folgt der **hilfreiche erläuternde Text,** der wichtige Punkte nennt, die bei der Durchführung dieses Beispiels beachtet werden sollten:

Das folgende Beispiel erfordert durch den Einsatz von Großgeräten wie Kästen, Recke und Stützbarren einen hohen Materialaufwand und benötigt mehr Zeit für den Aufbau. Der Sportlehrer hat den großen Kasten und die Stützbarren im Geräteraum schon transportbereit gemacht. Die Recke werden gemeinsam mit den Schülern aufgebaut.

Es folgt **eine Auflistung der benötigten Geräte.**

Bei 24 Schülern und 4 Stationen werden insgesamt 2 Stützbarren, 2 Recke, 4 kleine Kästen, 1 großer Kasten, 4-6 Matten und 1 Turnbank benötigt.

Es schließen sich ***weitere wichtige Hinweise*** an, die für die Durchführung dieses Beispiels bedeutsam sind.

- ✓ Geschlossenes Stationenlernen an 4 Stationen in Einzelarbeit. 4-6 Schüler an jeder Station.
- ✓ An den Stationen 1, 2 und 3 wird mit etwas Abstand nacheinander geübt (nicht drängeln). An der Station 4 kann nebeneinander geübt werden.
- ✓ Nachdem die Stationen (siehe Plan) aufgebaut worden sind, werden die einzelnen Stationen noch einmal gemeinsam durchgegangen, damit alle Schüler wissen, was an welcher Station gemacht werden soll.
- ✓ Zusätzlich werden Karten mit Aufgabe und Abbildung an den Stationen ausgelegt, sodass sich die Schüler evtl. noch einmal die Aufgabe durchlesen und den Bewegungsablauf ansehen können.
- ✓ Die Stationen sind durch Pappschilder markiert.
- ✓ Der Sportlehrer gibt durch Ansage oder Signal die Übungszeiten vor.
- ✓ Jeder Schüler sucht sich zu Beginn eine Station aus, an der begonnen wird. Danach muss die vorgesehene Reihenfolge eingehalten werden, d. h. nach Station 1 kommt Station 2, nach Station 3 kommt Station 4 usw.
- ✓ Die erzielten Ergebnisse können evtl. auf einem Laufzettel eingetragen werden.

5 Hinweise zum Gebrauch des Buches

Es folgt ein Skizze, die die geplante **Anordnung der Stationen und der benötigten Geräte** verdeutlicht. Dabei werden meistens die Geräte, aber auch noch einmal der Bewegungsablauf an der Station anschaulich dargestellt. Natürlich muss dieser Vorschlag den örtlichen Gegebenheiten angepasst werden:

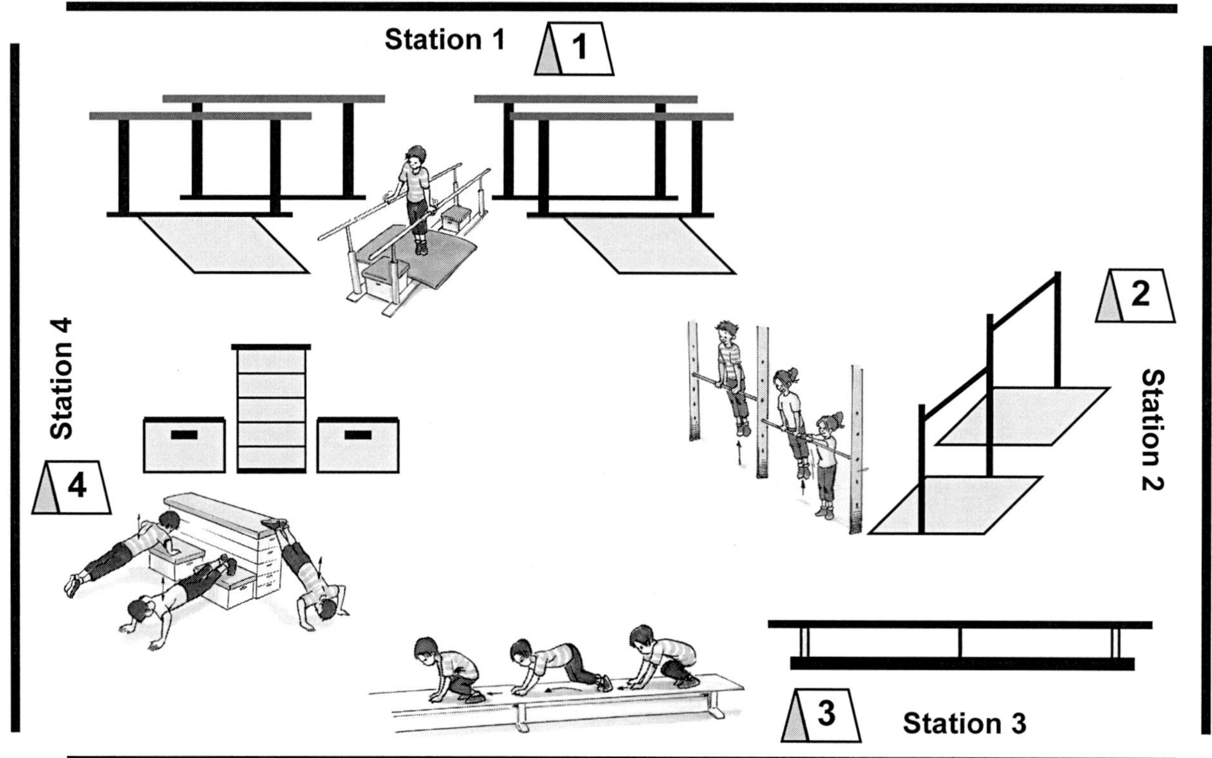

Anschließend folgt für jede einzelne Station:
die Aufgabe und eine Abbildung, die den jeweiligen Bewegungsablauf zeigt.

Station 1

Aufgabe: Stand auf dem kleinen Kasten am Anfang der Holmengassse:

Sprung in den Stütz und vorsichtiges kleinschrittiges Stützeln durch die Holmengasse bis zum anderen Ende (kleiner Kasten). Anschließend außen zum Ausgangspunkt zurücklaufen.

Zu einfach?
Klemme dir einen Ball zwischen die Beine oder Füße.

Wertung: Stützeln von Kasten zu Kasten = 1 Punkt

Material: kleine Kästen, Stützbarren

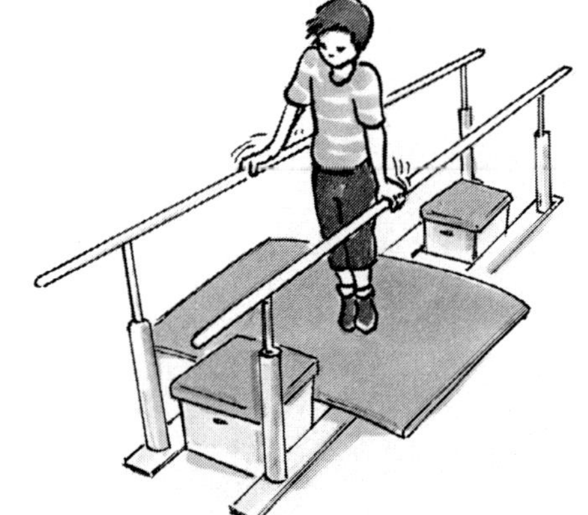

Bei den meisten Stationen wird auch **eine Wertung** der jeweiligen Aufgabe/Übung vorgeschlagen. So ist es möglich, die erzielten Ergebnisse auf einem Extrablatt einzutragen und langfristig zu vergleichen.

Besonders beachtenswert ist auch der Hinweis unter **„Zu einfach?“** Hier werden Vorschläge gemacht, wie die eigentliche Aufgabe verändert und anspruchsvoller ausgeführt werden kann. Dadurch wird ein zusätzliches Angebot für leistungsstärkere Schüler gemacht.

6 Stationenlernen in der Übersicht

	Nr.	Anzahl Stationen	Thema/Schwerpunkt	Seite
			1. Insgesamt 22 Stationen	
Kondition	1.1	4	**Hauptmuskelgruppen kräftigen – Pflicht- und Wahlkreis** *Geräte: 4-6 Basketbälle, 4-6 Medizinbälle, 4 Turnbänke, 6-8 Matten*	21-22
Kondition	1.2	5	**Konditionelle und koordinative Fähigkeiten komplex schulen – in Partnerform** *Geräte: 3 Kastenteile, 3 kleine Kästen, 8-10 Medizinbälle, 3 Gymnastikbälle*	23-24
Kondition	1.3	4	**Arm-, Schulter- und Brustmuskulatur kräftigen – Stützkraft schulen – an Großgeräten** *Geräte: 2 Stützbarren, 2 Recke, 4 kleine Kästen, 1 Kasten, 4-6 Matten, 1 Turnbank*	25-26
Kondition	1.4	4	**Bauch-, Rücken- und Armmuskulatur kräftigen in Partnerform – mit Pufferstation** *Geräte: 4 große Kästen, 6-8 Matten, 3 Turnbänke, 6-8 Gymnastikstäbe, 4-6 Gymnastikbälle*	27-28
Kondition	1.5	5	**Schwerpunkt Stützkraft – Offenes Stationenlernen** *Geräte: 1 großer Kasten, 6-8 kleine Kästen, 8-10 Matten, 1 Turnbank, 10-12 Keulen/Pylone*	29-30
			2. Insgesamt 23 Stationen	
Koordination	2.1	4	**Prellen in Variationen – sich orientieren, anpassen und reagieren** *Geräte: 1 Turnbank, 10-12 Gymnastikstäbe, 10-12 Gymnastikreifen*	31-32
Koordination	2.2	4	**Schulen koordinativer Fähigkeiten in Dreiergruppen** *Geräte: 3 Kastenteile, 3 Gymnastik- oder Basketbälle, 3 Gymnastikreifen, 6 Gymnastikstäbe, 3 Springseile, 3 Pylone*	33-34
Koordination	2.3	5	**Werfen, Fangen und Prellen in Variationen** *Geräte: 30 Gymnastikbälle, 15 Gymnastikreifen*	35-36
Koordination	2.4	5	**Sich selbst und Handgeräte im Gleichgewicht halten** *Geräte: 4 Reckstangen, 2 kleine Kästen, 3-4 Springseile, 3-4 Handtücher, 2-3 Turnbänke, 2-3 Kastendeckel, 3-4 Turnmatten*	37-38
Koordination	2.5	5	**Koordinationsschulung mit unterschiedlichen Handgeräten** *Geräte: 10 Gymnastikreifen, 5 Gymnastikstäbe aus Holz, 15 Basketbälle, 5 Pylone*	39-40

6 Stationenlernen in der Übersicht

	Nr.	Anzahl Stationen	Thema/Schwerpunkt	Seite
			3. Insgesamt 14 Stationen	
Gerätturnen	3.1	5	**Lernen und üben der Flugrolle** *Geräte: 1 Turnbank, 3 kleine Kästen, 1 großer Kasten, 1 Kastendeckel, 14-18 Turnmatten, 3 Sprungbretter*	41-42
Gerätturnen	3.2	5	**Lernen und üben der Hocke über den Bock** *Geräte: 3 Turnbänke, 2 kleine Kästen, 3 Böcke, 2 Sprungbretter, 6-8 Turnmatten*	43-44
Gerätturnen	3.3	4	**Handstandabrollen lernen und üben** *Geräte: 2 Sprungbretter, 1-2 große Kästen, 10-12 Turnmatten*	45-46
			4. Insgesamt 18 Stationen	
Leichtathletik – Outdoor Fitness	4.1	4	**Vom Druckwurf zum Stoßen** *Geräte: 10-12 springende Medizinbälle 1kg-1,5 kg, Basketbälle, 10 Pylone*	47-48
Leichtathletik – Outdoor Fitness	4.2	4	**Schleuderballwurf – lernen und üben** *Geräte: 10-12 Schleuderbälle mit einem Gewicht von 800 g und/oder 1000 g, 10 Pylone*	49-50
Leichtathletik – Outdoor Fitness	4.3	4	**Werfen und Springen in Variationen – mit Pufferstation** *Geräte: 1 Weitsprunggrube, 1 Hochsprunganlage, genug Schlagbälle, Pylone, Fahrradschläuche, 2 Hochsprungständer, 1 Zauberschnur*	51-52
Leichtathletik – Outdoor Fitness	4.4	6	**Trendsport – Outdoor Fitness im Park/Gelände** *Geräte: Parkbänke, Treppenstufen, Geländer, Bäume*	53-55
Sportspiele			**5. Insgesamt 18 Stationen**	
Sportspiele	5.1	4	**Volleyball – vom Werfen zum Pritschen** Geräte: 1 Basketballkorb, 18-20 Volleybälle, 1 Volleyballnetz, 4 kleine Kästen	56-57
Sportspiele	5.2	4	**Volleyball – vom Werfen zum Baggern** Geräte: 18-20 Volleybälle (Softbälle), 3 kleine Kästen, 4 Gymnastikreifen	58-59
Sportspiele	5.3	5	**Basketball – vom Werfen zum Passen** Geräte: 18-20 Basketbälle, 1 großer Kasten, 5 Gymnastikreifen	60-61
Sportspiele	5.4	5	**Basketball – Dribbeln und Korbleger** Geräte: 18-20 Basketbälle, 1 Turnbank, 4-6 Pylone, 5 Gymnastikreifen, 1 Basketballkorb	62-64

Stationenlernen Sport in der Sekundarstufe
Schulung konditioneller und koordinativer Fähigkeiten – Bestell-Nr. 12 800
KOHL VERLAG

1. Konditionelle Fähigkeiten schulen und verbessern

1.1 Vier Stationen: Hauptmuskelgruppen kräftigen – Pflicht- und Wahlkreis

Dieses Beispiel ist trotz der Pflicht- und Wahlaufgaben schnell zu organisieren, da an drei von vier Stationen Turnbänke eingesetzt werden. Es ist für den Ablauf immer günstig, wenn an einem Gerät beides, Pflicht- und Wahlaufgaben möglich sind. Die Schüler können an jeder Station zwischen der Pflicht- und Wahlaufgabe wählen. Es ist auch möglich, erst einen Pflichtdurchgang für alle ausführen zu lassen und im zweiten Durchgang dann die Wahlaufgaben zusätzlich anzubieten.

Bei 24 Schülern und 4 Stationen mit Pflicht- und Wahlaufgaben werden insgesamt 4-6 Basketbälle, 4-6 Medizinbälle, 4 Turnbänke und 6-8 Matten benötigt.

- ✓ Stationenlernen an vier Stationen mit unterteilten Stationen.
- ✓ **An jeder Station können 4-6 Schüler gleichzeitig üben.**
- ✓ Nachdem die Stationen (siehe Plan) aufgebaut worden sind, werden die einzelnen Stationen durchgegangen und dabei auf die Unterteilung in Pflicht- und Wahlaufgaben hingewiesen.
- ✓ Zusätzlich werden Karten mit den Aufgaben und der Abbildung an den Stationen ausgelegt, sodass sich die Schüler evtl. noch einmal die Aufgabe durchlesen und den Bewegungsablauf ansehen können.
- ✓ Die Stationen sind durch Pappschilder und/oder Pylone markiert.
- ✓ Der Sportlehrer gibt durch Ansage oder Signal die Übungszeiten vor.
- ✓ Jeder Schüler sucht sich zu Beginn eine Station aus, an der er beginnt, dabei kann er zwischen der Pflicht- und der Wahlaufgabe wählen. Die vorgesehene Reihenfolge sollte danach eingehalten werden, d. h. nach Station 2 kommt Station 3, nach Station 4 kommt Station 1 usw.
- ✓ Die erzielten Ergebnisse können evtl. auf einem Laufzettel eingetragen werden.

1. Konditionelle Fähigkeiten schulen und verbessern

1.1 Vier Stationen: Kräftigen der Bein-, Rücken-, Bauch- und Armmuskulatur

Station 1

Pflicht-Aufgabe: Liegestütz vorlings vor einer doppelten Mattenlage: (Es kann an allen vier Seiten der Matte geübt werden.) Beugen der Arme bis das Kinn die Matte berührt, dann wieder Strecken der Arme in die Ausgangslage.

Wertung: jedes Berühren der Matte mit dem Kinn = 1 Punkt

Material: Matte

Wahl-Aufgabe: Liegestütz vorlings vor einer doppelten Mattenlage, die Füße sind auf der Sitzfläche der Turnbank: Beugen der Arme bis das Kinn die Matte berührt, dann wieder Strecken der Arme in die Ausgangslage.

Wertung: jedes Berühren der Matte mit dem Kinn = 1 Punkt

Material: Matte, Turnbank

Station 2

Pflicht-Aufgabe: Bauchlage auf einer Matte (Abstand zur Bank ca. 2-3 m), die Schultern schließen mit der Mattenkante ab: (Es können mehrere Schüler nebeneinander üben.) Hebe den Oberkörper und die Arme vom Boden ab und stoße den Basketball mit beiden Händen kräftig weg, sodass er gegen die umgekippte Sitzfläche der Bank rollt und anschließend wieder zum Ausgangspunkt zurückkommt. Annahmebereit sein und gleich wieder wegstoßen.

Wertung: jede erfolgreiche Ballannahme nach Rücklauf des Balles = 1 Punkt

Material: Basketball, Turnbank, Matte

Wahl-Aufgabe: Bauchlage auf einer Matte (Abstand zur Bank ca. 3-4 m), die Schultern schließen mit der Mattenkante ab: Hebe den Oberkörper und die Arme vom Boden ab und stoße den Medizinball mit beiden Händen kräftig weg, sodass er gegen die umgekippte Sitzfläche der Bank rollt und anschließend wieder zum Ausgangspunkt zurückkommt. Annahmebereit sein und gleich wieder wegstoßen.

Wertung: jede erfolgreiche Ballannahme nach Rücklauf des Balles = 1 Punkt

Material: Medizinball, Turnbank, Matte

Station 3

Pflicht-Aufgabe: Rückenlage mit gebeugten Knien, die Füße werden unter dem Balken der Bank fixiert: (Es kann an beiden Seiten der Turnbank geübt werden.) Schiebe nun langsam deine Hände von den Oberschenkeln bis zu den Knien nach oben. Lasse dabei deinen Rücken gerade und deine Kopfhaltung normal. Kurz in dieser Position bleiben, dann wieder langsam in die Ausgangsstellung zurückkommen.

Wertung: die Hände erreichen die Knie = 1 Punkt

Material: Turnbank

Wahl-Aufgabe: Strecksitz, die Füße (Fußgelenke) liegen auf der Kante der Bank: Hebe die Beine an, beuge die Knie und hocke die Beine an und führe sie mit anschließendem Strecken unter die Sitzfläche der Bank (die Füße dabei nicht ablegen). Hocke die Beine danach wieder an und strecke sie über der Sitzfläche der Bank und lege deine Füße kurz ab.

Wertung: jedes Ablegen auf der Sitzfläche = 1 Punkt

Material: Turnbank

Station 4

Pflicht-Aufgabe: (Es können mehrere Schüler mit etwas Abstand an einer Turnbank gleichzeitig üben.) Springe rhythmisch mit Schlusssprüngen über die Bank von einer Seite zur anderen.

Wertung: jeder Sprung auf die andere Seite = 1 Punkt

Material: Turnbank

Wahl-Aufgabe: Springe aus dem Grätschstand über der Turnbank mit Schlusssprung und mit kräftigem Armeinsatz in den Stand auf die Turnbank. Springe danach wieder in den Grätschstand usw.

Wertung: jeder Sprung auf die Turnbank = 1 Punkt

Material: Turnbank

Stationenlernen Sport in der Sekundarstufe
Schulung konditioneller und koordinativer Fähigkeiten – Bestell-Nr. 12 800

1. Konditionelle Fähigkeiten schulen und verbessern

1.2 Fünf Stationen: Konditionelle und koordinative Fähigkeiten komplex schulen

Das folgende Beispiel mit dem Partner erfordert einen geringen Materialaufwand und ist deshalb schnell zu organisieren. Wichtig ist hier die Kennzeichnung der Stationen durch Pappschilder und Pylone.

Bei 24 Schülern und 5 Stationen werden insgesamt 3 Kastenteile, 3 kleine Kästen, 8-10 Medizinbälle und 3 Gymnastikbälle benötigt.

- ✓ Geschlossenes Stationenlernen an 5 Stationen in Partnerarbeit.
  2 etwa gleich große und gleich schwere Partner finden sich zusammen.
- ✓ **An jeder Station können 4-6 Schüler gleichzeitig üben.**
- ✓ Jedes Paar erhält eine Karte mit den Stationen, sodass sich die Schüler die Aufgabe durchlesen und den Bewegungsablauf ansehen können.
- ✓ Nachdem die Stationen (siehe Plan) gekennzeichnet worden sind, werden die einzelnen Stationen noch einmal gemeinsam durchgegangen, damit alle Schüler wissen, was an jeder Station gemacht werden soll.
- ✓ Die Stationen sind durch Pappschilder und/oder Pylone markiert.
- ✓ Der Sportlehrer gibt durch Ansage oder Signal die Übungszeiten vor.
- ✓ Jedes Paar sucht sich zu Beginn eine Station aus, an der begonnen wird. Danach muss die vorgesehene Reihenfolge eingehalten werden, d. h. nach Station 1 kommt Station 2, nach Station 4 kommt Station 1 usw.
- ✓ Die erzielten Ergebnisse können evtl. auf der Karte eingetragen werden.

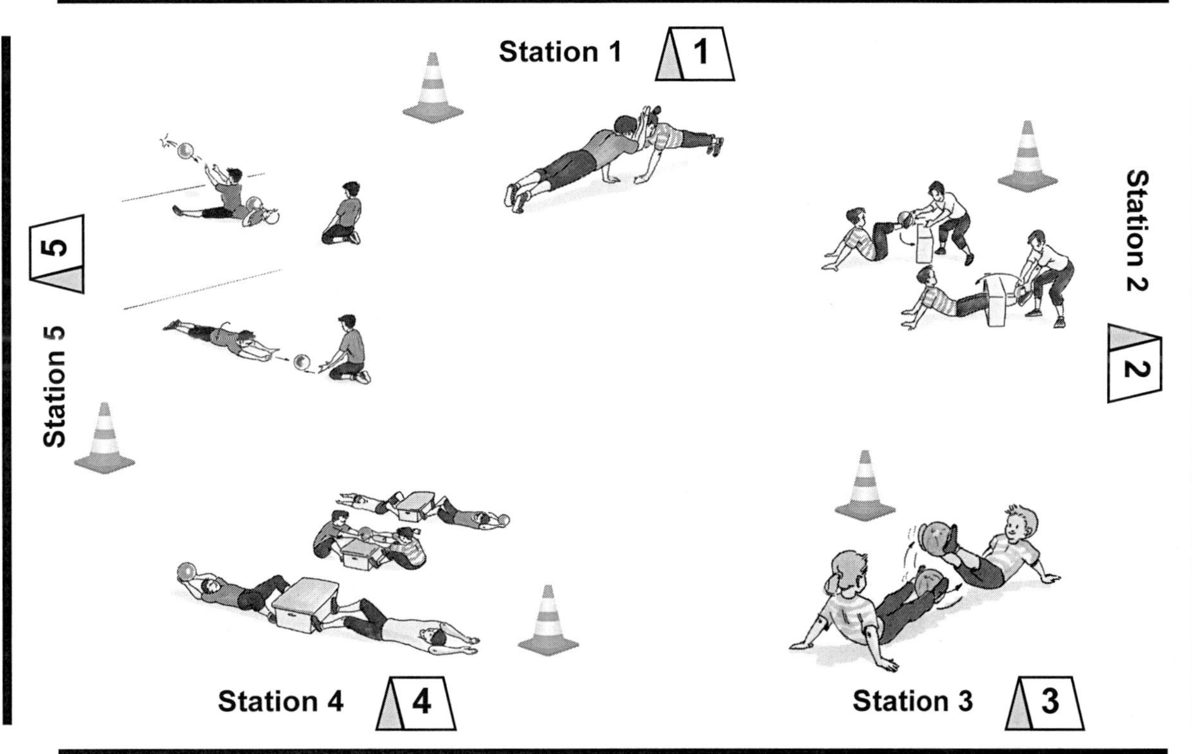

7

1. Konditionelle Fähigkeiten schulen und verbessern

1.2 Fünf Stationen: Konditionelle und koordinative Fähigkeiten komplex schulen

Station 1

Aufgabe: Beide Schüler sind im Liegestütz vorlings gegenüber:
Löst die rechte Hand vom Boden und führt nun jeweils den rechten Unterarm zusammen. Die Position des Zusammenführens einen Moment halten, dann wieder in den Liegestütz vorlings zurückkehren und das Gleiche mit dem linken Arm üben.

Wertung: jedes Zusammenführen = 1 Punkt

Zu einfach?
Hebt ein Bein leicht vom Boden ab.

Material: ---

Station 2

Aufgabe: Führe deine Beine im Strecksitz über das Kastenteil und nimm dort den angereichten Gymnastiball mit beiden Füßen an. Hocke danach deine Beine an und führe sie mit anschließendem Strecken in die Kastenteilöffnung, um dort den Ball dem Partner zu übergeben. Führe deine Beine danach wieder über das Kastenteil usw. 5-7mal wiederholen, dann Rollentausch vornehmen.

Wertung: jeder angenommene Ball = 1 Punkt

Zu einfach?
Nimm einen etwas größeren oder schwereren Ball.

Material: 1 Kastenteil und 1 Ball je Paar

Station 3

Aufgabe: Beide Partner sitzen sich gegenüber, die Hände stützen seitlich ab:
Nimm einen Medizinball (Basketball) zwischen deine Füße und lasse deinen Ball um den Ball des Partners kreisen, ohne dabei den eigenen Ball zu verlieren.

Hinweise: Die Partner müssen sich aneinander anpassen. Erfahrungsgemäß legen die Schüler nach einigen Versuchen die Beine erst einmal ab und üben dann erneut.

Wertung: jeder vollständige Kreis = 1 Punkt

Zu einfach?
Nehmt einen schwereren Ball (1,5 kg).

Material: Medizinball (1 kg) oder Basketball

Station 4

Aufgabe: Setzt euch im leicht angedeuteten Grätschsitz mit den Füßen zueinander am kleinen Kasten, die Füße berühren dabei den Kasten. Schüler A hat einen Medizinball in den Händen und geht damit zunächst in die Rückenlage und übergibt den Ball anschließend beim Vorbeugen auf der Oberfläche des Kastens an seinen Partner. Dieser geht nun in die Rückenlage usw.

Wertung: jeder angenommene Ball = 1 Punkt

Zu einfach?
Grätschsitz mit fast gestreckten Beinen

Material: 1 kleiner Kasten und 1 Ball je Paar

Station 5

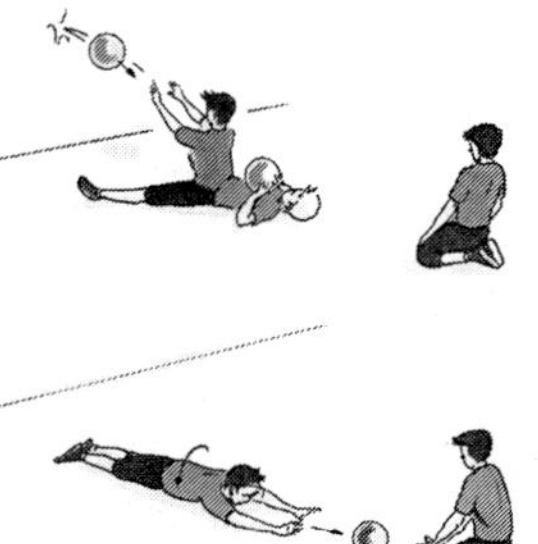

Aufgabe: A sitzt im Grätschsitz zur Wand (Abstand ca. 2 m):
Wirf den Basketball (leichten Medizinball) mit Druckwurf gegen die Wand und fange den zurückspringenden Ball wieder auf. Senke den Oberkörper in die Rückenlage ab und drehe dich in die Bauchlage, halte dabei den Ball in den Händen. Rolle den Ball danach zum Partner B. B nimmt den Ball an und rollt ihn zurück. A dreht sich wieder in die Rückenlage und richtet sich in den Grätschstand auf usw. Rollenwechsel vornehmen.

Wertung: jeder Ballwurf an die Wand = 1 Punkt

Zu einfach?
Vergrößert den Abstand zur Wand oder nehmt einen schwereren Ball.

Material: Basketball/Medizinball

Bestell-Nr. 12 800

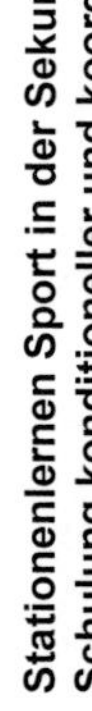

1. Konditionelle Fähigkeiten schulen und verbessern

1.3 Vier Stationen: Arm-, Schulter- und Brustmuskulatur kräftigen – Stützkraft schulen

Das folgende Beispiel erfordert durch den Einsatz von Großgeräten wie Kästen, Recke und Stützbarren einen hohen Materialaufwand und benötigt mehr Zeit für den Aufbau. Der Sportlehrer hat den großen Kasten und die Stützbarren im Geräteraum schon transportbereit gemacht. Die Recke werden gemeinsam mit den Schülern aufgebaut.

Bei 24 Schülern und 4 Stationen werden insgesamt 2 Stützbarren, 2 Recke, 4 kleine Kästen, 1 großer Kasten, 4-6 Matten und 1 Turnbank benötigt.

- ✓ Geschlossenes Stationenlernen an 4 Stationen in Einzelarbeit. 4-6 Schüler an jeder Station.
- ✓ An den Stationen 1, 2 und 3 wird mit etwas Abstand nacheinander geübt (nicht drängeln). An der Station 4 kann nebeneinander geübt werden.
- ✓ Nachdem die Stationen (siehe Plan) aufgebaut worden sind, werden die einzelnen Stationen noch einmal gemeinsam durchgegangen, damit alle Schüler wissen, was an welcher Station gemacht werden soll.
- ✓ Zusätzlich werden Karten mit Aufgabe und Abbildung an den Stationen ausgelegt, sodass sich die Schüler evtl. noch einmal die Aufgabe durchlesen und den Bewegungsablauf ansehen können.
- ✓ Die Stationen sind durch Pappschilder markiert.
- ✓ Der Sportlehrer gibt durch Ansage oder Signal die Übungszeiten vor.
- ✓ Jeder Schüler sucht sich zu Beginn eine Station aus, an der begonnen wird. Danach muss die vorgesehene Reihenfolge eingehalten werden, d. h. nach Station 1 kommt Station 2, nach Station 3 kommt Station 4 usw.
- ✓ Die erzielten Ergebnisse können evtl. auf einem Laufzettel eingetragen werden.

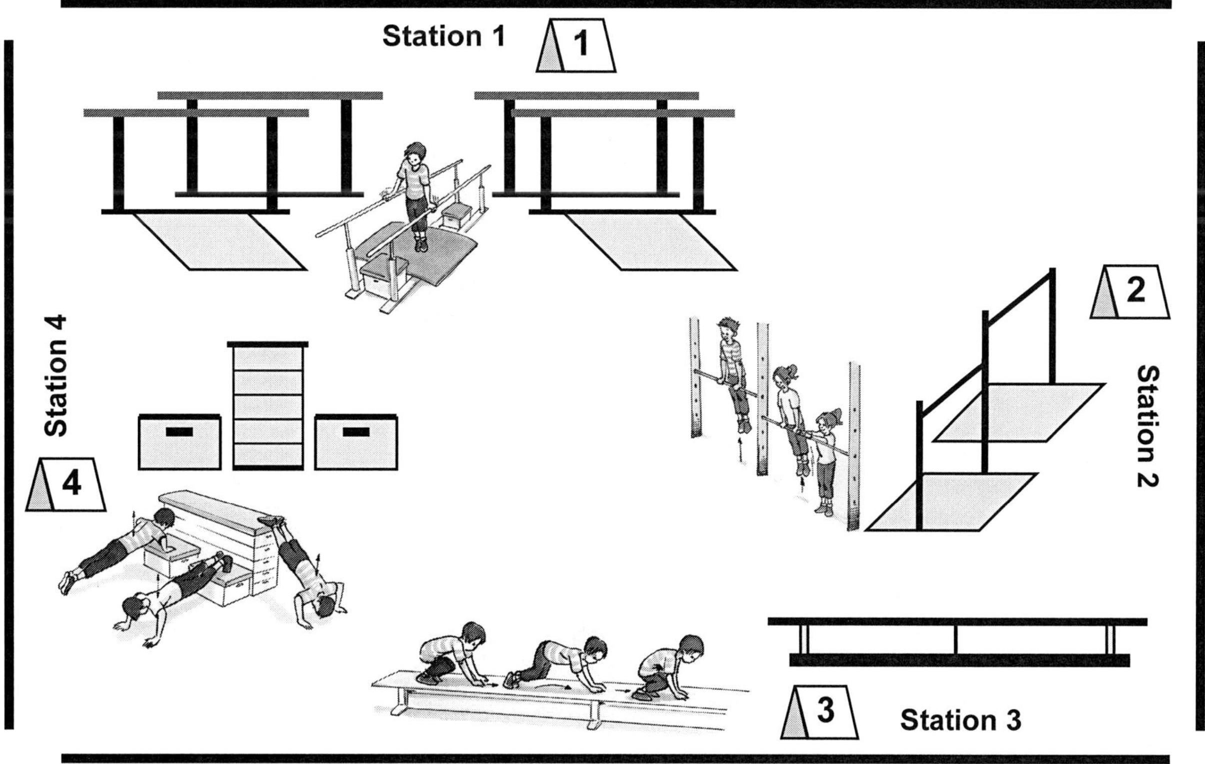

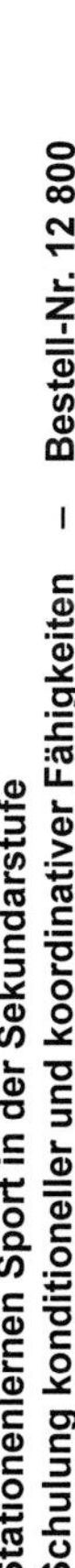

1. Konditionelle Fähigkeiten schulen und verbessern

1.3 Vier Stationen: Arm-, Schulter- und Brustmuskulatur kräftigen – Stützkraft schulen

Station 1

Aufgabe: Stand auf dem kleinen Kasten am Anfang der Holmengassse: Sprung in den Stütz und vorsichtiges kleinschrittiges Stützeln durch die Holmengasse bis zum anderen Ende (kleiner Kasten). Anschließend außen zum Ausgangpunkt zurücklaufen.

Zu einfach?
Klemm dir einen Ball zwischen die Beine oder Füße.

Wertung: Stützeln von Kasten zu Kasten = 1 Punkt

Material: 2 kleine Kästen, Stützbarren, Matte

Station 2

Aufgabe: Springe in den Stütz am schulter- und/oder kopfhohen Reck. Richte deinen Oberkörper etwas auf und springe dann wieder zurück in die Ausgangsstellung und turne eine Rolle vorwärts am Boden.

Zu einfach?
Turne nach dem Stütz einen Felgabzug (eine Rolle vorwärts) in den Stand.

Wertung: jeder Sprung in den Stütz = 1 Punkt

Material: Reck, Turnmatte

Station 3

Aufgabe: Im Hockstütz auf der Bank:
Rutsche (fasse) mit den Händen etwas vor und hocke mit den Füßen nach. Übe so über die gesamte Länge der Turnbank. Verlasse die Turnbank und laufe außen herum zum Ausgangspunkt zurück.

Zu einfach?
Greife mit den Händen etwas weiter nach vorn.

Wertung: ein Durchgang über die gesamte Länge der Turnbank = 1 Punkt

Material: Turnbank

Station 4

Aufgabe: Sich an allen Seiten der Kastentreppe verteilen:
Liegestütz vorlings mit Beugen und Strecken der Arme
- mit Stütz der Hände auf dem kleinen/großen Kasten.
- mit Ablegen der Füße auf dem kleinen/großen Kasten.

Zu einfach?
Hebe beim Liegestütz ein Bein etwas an.

Wertung: jedes Strecken der Arme beim Liegestütz = 1 Punkt

Material: kleine Kästen und großer Kasten

KOHL VERLAG Stationenlernen Sport in der Sekundarstufe Schulung konditioneller und koordinativer Fähigkeiten – Bestell-Nr. 12 800

1. Konditionelle Fähigkeiten schulen und verbessern

1.4 Vier Stationen: Bauch-, Rücken- und Armmuskulatur kräftigen

Das folgende Beispiel erfordert durch den Einsatz von mehreren großen Kästen und Großgeräten einen etwas größeren Materialaufwand und benötigt mehr Zeit für den Aufbau. Der Sportlehrer sollte die großen Kästen im Geräteraum schon transportbereit gemacht haben.

Bei den Übungen an den großen Kästen kann es leicht zu Staus kommen. Um dies zu verhindern bzw. aufzufangen, wird hier eine sog. „Pufferstation" zusätzlich angeboten, an der die Schüler die „Wartezeit" übend verbringen können.

Bei 24 Schülern und 4 Stationen werden insgesamt 4 großen Kästen, 6-8 Matten, 3 Turnbänke, 6-8 Gymnastikstäbe und 4-6 Gymnastikbälle benötigt.

- ✓ Geschlossenes Stationenlernen an 4 Stationen in Partnerarbeit.
- ✓ 2 etwa gleich große und gleich schwere Partner finden sich zusammen.
- ✓ **An jeder Station können 4-6 (8) Schüler gleichzeitig üben.**
- ✓ Nachdem die Stationen (siehe Plan) aufgebaut worden sind, werden die einzelnen Stationen noch einmal gemeinsam durchgegangen, damit alle Schüler wissen, was an jeder Station gemacht werden soll.
- ✓ **Jedes Paar erhält einen Stationenzettel mit den 4 Aufgaben und der Pufferstation.**
- ✓ Die Stationen sind durch Pappschilder und/oder Pylone markiert.
- ✓ Der Sportlehrer gibt durch Ansage oder Signal die Übungszeiten vor.
- ✓ Jeder Paar sucht sich zu Beginn eine Station aus, an der begonnen wird. Danach muss die vorgesehene Reihenfolge eingehalten werden, d. h. nach Station 1 kommt Station 2, nach Station 4 kommt Station 1 usw.
- ✓ An den Stationen 1 und 2 erfolgt nach ca. 7-10 Wiederholungen ein Rollentausch.

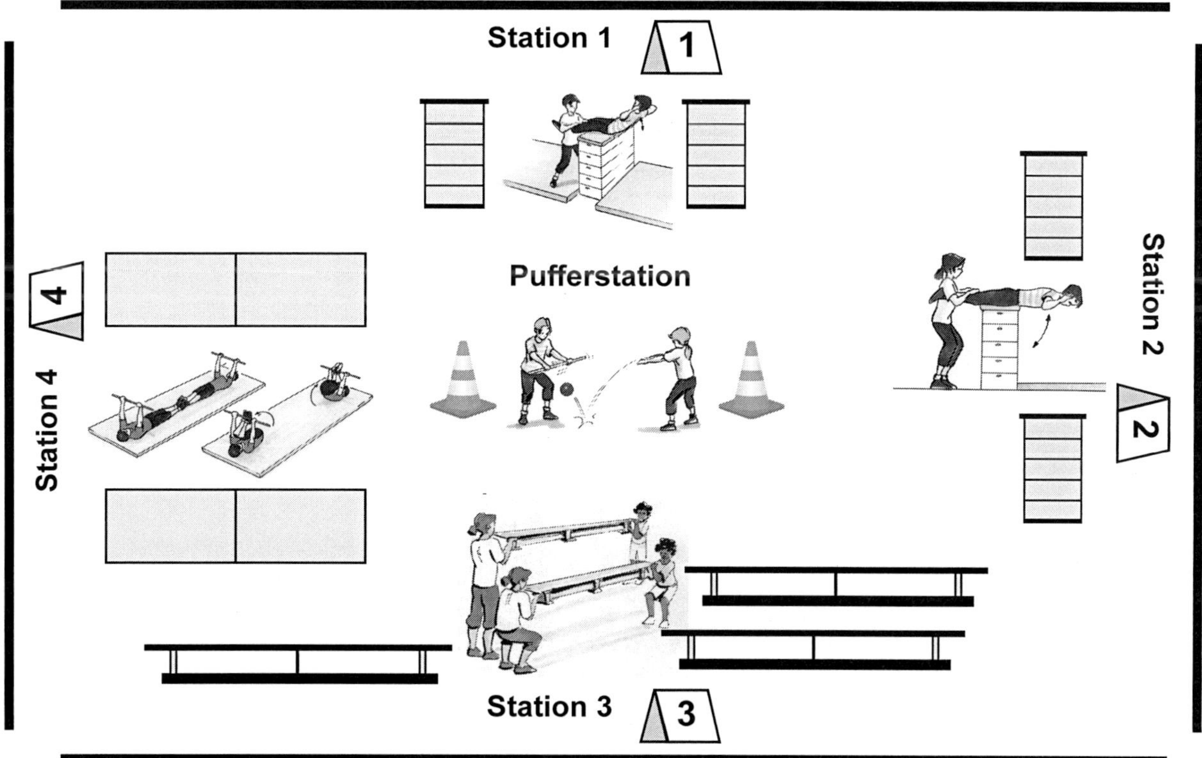

Stationenlernen Sport in der Sekundarstufe
Schulung konditioneller und koordinativer Fähigkeiten – Bestell-Nr. 12 800

7

1. Konditionelle Fähigkeiten schulen und verbessern

1.4 Vier Stationen: Bauch-, Rücken- und Armmuskulatur kräftigen

Station 1

Aufgabe: Setze dich auf den großen Kasten, die Hüften schließen mit der Kastenkante ab, lege die Hände an die Ohren oder verschränke sie im Nacken. Senke den Oberkörper nun langsam bis zur Waagerechten ab und richte dich anschließend wieder auf.

Hinweise: Der Partner hält den Übenden an den Unterschenkeln fest, wobei sich die Füße des Übenden unter den Achseln des Partners befinden. Übe so 5-10mal, dann erfolgt Rollentausch.

Station 2

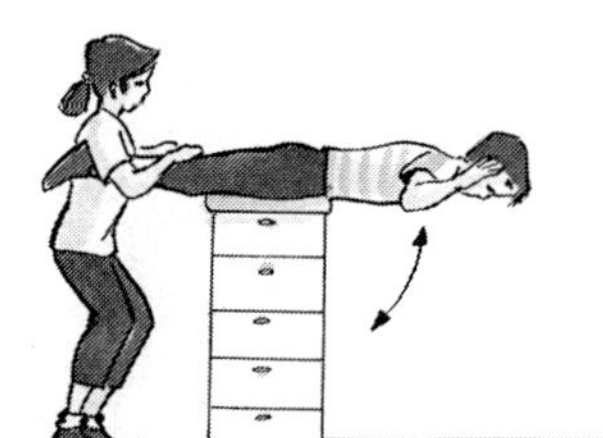

Aufgabe: Lege dich mit den Oberschenkeln auf den großen Kasten, die Hüften schließen mit der Kastenkante ab, lege die Hände an die Ohren oder verschränke sie im Nacken.
Senke nun den Oberkörper ab und richte ihn anschließend wieder bis zur Waagerechten auf.

Hinweise: Der Partner hält den Übenden an den Unterschenkeln fest, wobei sich die Füße des Übenden unter den Achseln des Partners befinden. Übe so 5-10mal, dann erfolgt Rollentausch.

Station 3

Aufgabe: Stellt euch mit leicht auseinander stehenden Füßen gegenüber auf und haltet die Bank in Kinnhöhe. Geht nun gemeinsam in die halbe Kniebeuge, bis die Oberschenkel fast die Waagerechte erreicht haben. Anschließend wieder gemeinsam aufrichten in den Stand.

Hinweise: Die Bank bleibt immer in unveränderter Position.

Station 4

Aufgabe: Geht beide in die Rückenlage, sodass sich eure Füße berühren. Nehmt einen Stab mit beiden Händen und gestreckten Armen schulterbreit vor der Brust. Hockt nun beide gemeinsam eure Beine an und führt eure Fußrücken an den gehaltenen Stab. Einen Moment so bleiben, dann wieder die Beine strecken und die Füße des Partners kurz berühren. Anschließend wieder einrollen.

Hinweise: Übt langsam und ohne Hektik.

Pufferstation

Aufgabe: Beide Schüler stehen sich gegenüber. A hält einen Stab mit beiden Händen in der Mitte gefasst. B prellt nun einen Gymnastikball auf den Boden. A prellt danach mit dem mittig gefassten Stab den Ball zu B zurück. Dieser fängt den Ball und prellt ihn anschließend sofort wieder auf den Boden zu A.
Nach ca. 10 Versuchen Rollentausch vornehmen.

1. Konditionelle Fähigkeiten schulen und verbessern

1.5 Fünf Stationen: Schwerpunkt Stützkraft – Offenes Stationenlernen

Das folgende Beispiel erfordert einen geringen Materialaufwand und ist schnell zu organisieren. Es wird wenig Zeit für den Aufbau benötigt. Der Sportlehrer markiert die Stationen durch Pappschilder. Der große Kasten wird vom Sportlehrer schon im Geräteraum transportbereit gemacht.

Bei 24 Schülern und 5 Stationen werden insgesamt 1 großer Kasten, 6-8 kleine Kästen, 8-10 Matten, 1 Turnbank und 10-12 Keulen/Pylone benötigt.

- ✓ Offenes Stationenlernen an 5 Stationen in Gruppenarbeit.
- ✓ Die Schüler können die Anfangsstation und den weiteren Ablauf selbst wählen. Es ist wichtig, dass am Schluss der Stunde alle Stationen angelaufen worden sind.
- ✓ Jeder Schüler erhält ein Stationenblatt zur Information und zur Kontrolle.
- ✓ An den Stationen 1, 3, 4 und 5 können beliebig viele Schüler üben, an der Station 2 wird mit etwas Abstand nacheinander geübt.
- ✓ Nachdem die Stationen (siehe Plan) aufgebaut worden sind, werden die einzelnen Stationen noch einmal gemeinsam durchgegangen, damit alle Schüler wissen, was an jeder Station gemacht werden soll.
- ✓ Die Stationen sind durch Pappschilder und/oder Pylone markiert.
- ✓ Der Sportlehrer gibt durch Ansage oder Signal die Übungszeiten vor.

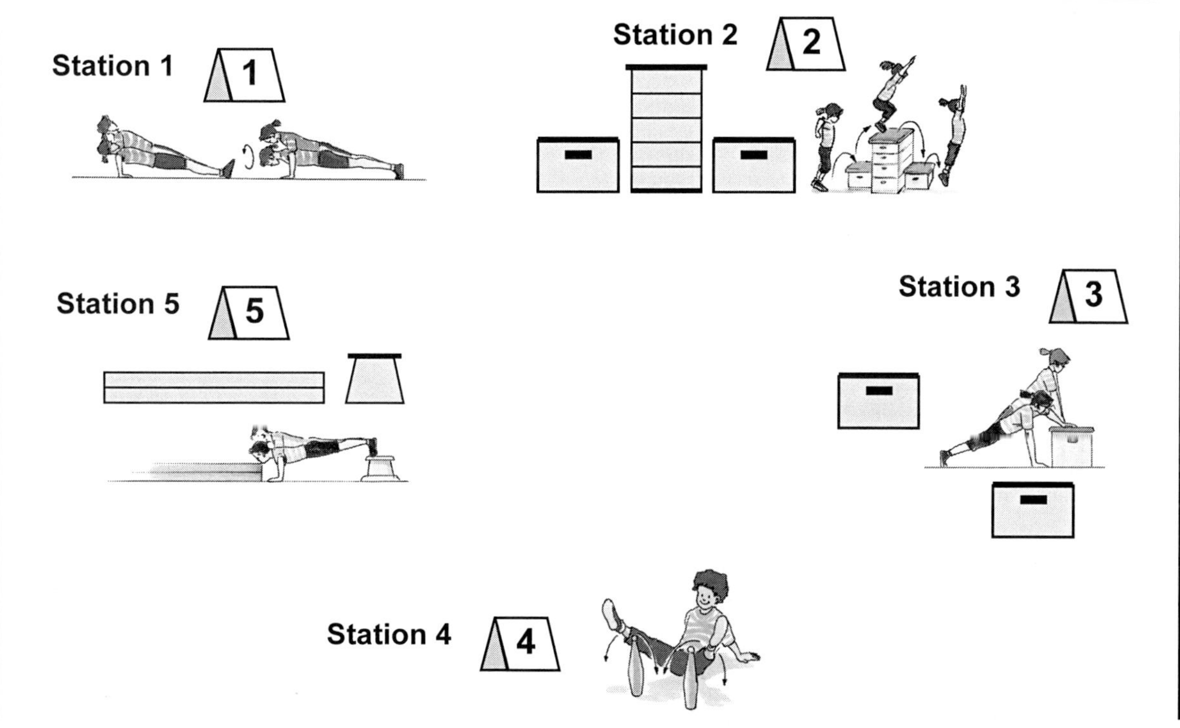

1. Konditionelle Fähigkeiten schulen und verbessern

1.5 Stationen: Schwerpunkt Stützkraft – Offenes Stationenlernen

Station 1

Aufgabe: Gehe in den Liegestütz vorlings: Arme beugen und strecken. Drehe dich in den Liegestütz rücklings – Arme beugen und strecken. Drehe dich wieder in den Liegestütz vorlings usw. Übe 5-7mal hintereinander, füge eine kurze Pause ein und beginne dann erneut mit der Übungsabfolge.

Station 2

Aufgabe: Hüpfe ohne Zwischenhüpfer mit rhythmischen Schlusssprüngen über die Kastentreppe hinauf und wieder herunter. Danach außen zum Ausgangspunkt zurücklaufen. Übe 5-7mal hintereinander, füge eine kurze Pause ein und beginne dann erneut mit der Übungsabfolge.

Station 3

Aufgabe: Liegestütz vorlings:
Setze erst eine Hand auf die Oberfläche des kleinen Kastens, dann die andere. Anschließend wieder eine Hand auf den Boden zurückführen, danach sofort die andere usw. Der Körper ist fast gestreckt, die Beine sind zusammen. Übe 7-10mal hintereinander, füge eine kurze Pause ein und beginne dann erneut mit der Übungsabfolge.

Station 4

Aufgabe: Strecksitz mit gestreckten Beinen zwischen den Keulen (Pylonen):
Hebe beide Füße an und führe sie seitwärts über die Keulen. Lege die Füße dort kurz ab und bewege sie danach wieder in die Ausgangsstellung zurück. Übe 7-10mal hintereinander, füge eine kurze Pause ein und beginne dann erneut mit der Übungsabfolge.

Station 5

Aufgabe: Liegestütz vorlings vor einer doppelten Mattenlage, die Füße sind auf der Turnbank: Beuge die Arme, bis das Kinn die obere Matte berührt. Strecke danach wieder die Arme und komme in die Ausgangsstellung zurück. Übe 7-10mal hintereinander, füge eine kurze Pause ein und beginne dann erneut mit der Übungsabfolge.

2. Koordinative Fähigkeiten schulen und verbessern

2.1 Vier Stationen: Prellen in Variationen – sich orientieren, anpassen und reagieren

Das folgende Beispiel ist durch den Einsatz von Handgeräten schnell zu organisieren und benötigt deshalb wenig Zeit für den Aufbau. Evtl. sollte der Sportlehrer die Gymnastikreifen und Bälle schon vorher im Geräteraum bereitlegen, sodass sie zu Beginn nur an die entsprechenden Stellen gebracht werden müssen.

Bei 24 Schülern und 4 Stationen werden insgesamt 1 Turnbank, 10-12 Stäbe aus Holz und 10-12 Gymnastikreifen benötigt.

- ✓ Offenes Stationenlernen an 4 Stationen in Einzelarbeit.
- ✓ Die Schüler können die Anfangsstation und den weiteren Ablauf selbst wählen. Es ist wichtig, dass am Schluss der Stunde alle Stationen angelaufen worden sind.
- ✓ Jeder Schüler erhält ein Stationenblatt zur Information und zur Kontrolle.
- ✓ An den Stationen 1, 3 und 4 können beliebig viele Schüler üben, an der Station 2 wird mit etwas Abstand nacheinander geübt.
- ✓ Nachdem die Stationen (siehe Plan) aufgebaut worden sind, werden die einzelnen Stationen noch einmal gemeinsam durchgegangen, damit alle Schüler wissen, was an welcher Station gemacht werden soll.
- ✓ Die Stationen sind durch Pappschilder und/oder Pylone markiert.
- ✓ Der Sportlehrer gibt durch Ansage oder Signal die Übungszeiten vor.
- ✓ Die erzielten Ergebnisse können evtl. auf dem Stationenblatt eingetragen werden.

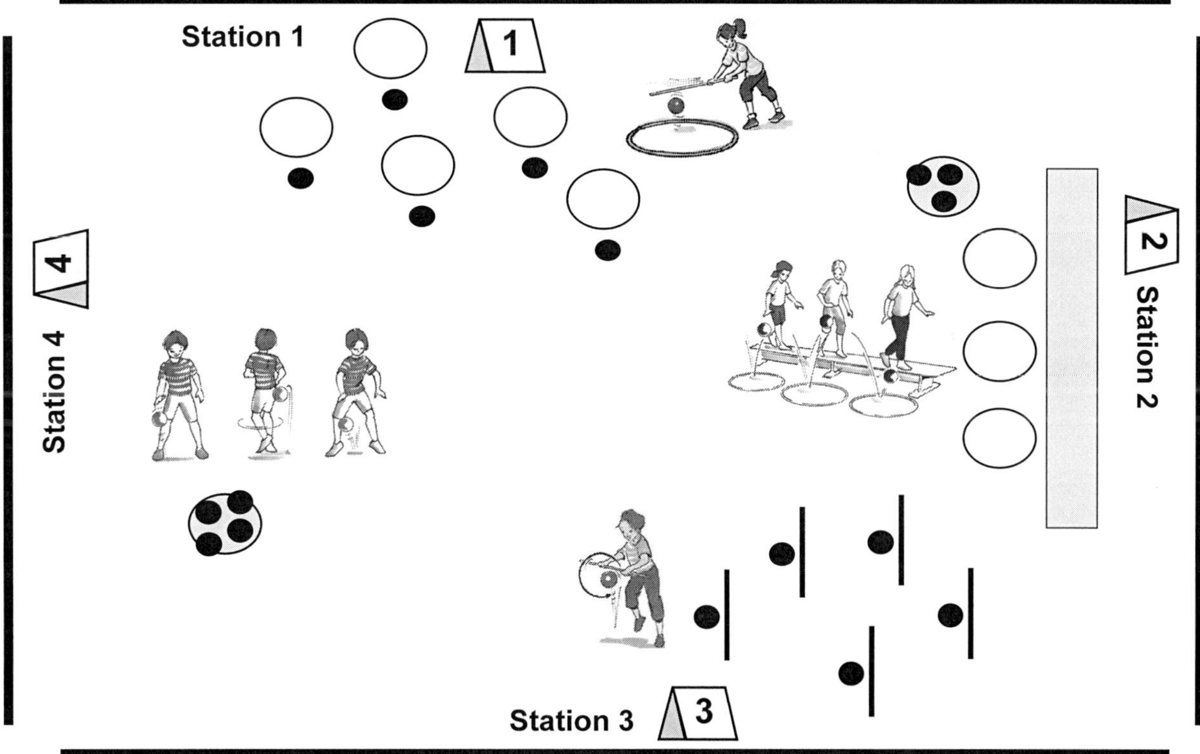

2. Koordinative Fähigkeiten schulen und verbessern

2.1 Vier Stationen: Prellen in Variationen – sich orientieren, anpassen und reagieren

Station 1

Aufgabe: Stand außerhalb des Reifens:
Schlage mit dem Stab auf den im Reifen liegenden Gymnastikball und bringe ihn zum Springen. Versuche, ihn anschließend weiter mit dem Stab zu prellen.

Wertung: Jedes erfolgreiche Prellen des Balles mit dem Stab = 1 Punkt

Zu einfach?
Gehe beim Prellen um den Reifen herum.

Material: Gymnastikreifen, Gymnastikball, Stab aus Holz

Station 2

Aufgabe: Es liegen 3 Reifen mit Abstand neben der Bank, die Bälle werden in einem weiteren Reifen „gelagert“.
Nimm dir einen Ball:
Gehe über die Bank und prelle dabei den Ball in die ausgelegten Reifen. Verlasse die Bank am Ende und gehe außen herum zum Ausgangspunkt zurück.

Wertung: Jeder „Preller“ im Reifen = 1 Punkt

Zu einfach?
Gehe rückwärts über die Bank.

Material: Turnbank, Gymnastikreifen, Gymnastikball

Station 3

Aufgabe: Fasse den Stab mit den Händen rechts und links und lasse in der Mitte ca. 30 cm Platz:
Prelle nun mit dem Stab mittig den Ball und führe dann schnell einen Kreis vorwärts um den springenden Ball. Versuche danach sofort wieder zu prellen.

Wertung: Jeder gelungene „Kreis“ um den Ball = 1 Punkt

Zu einfach?
Versuche den Kreis rückwärts auszuführen.

Material: Gymnastikstab, Gymnastikball

Station 4

Aufgabe: Die Bälle werden in einem Reifen „gelagert“.
Nimm dir einen Ball:
Prelle den Ball am Ort und führe schnell eine ganze Drehung aus. Versuche danach gleich wieder zu prellen.

Wertung: Jede gelungene „ganze Drehung“ mit sofortigem Prellen danach = 1 Punkt

Zu einfach?
Drehe dich in die andere (ungewohnte, nicht so geübte) Richtung.

Material: Gymnastikball

Stationenlernen Sport in der Sekundarstufe
Schulung konditioneller und koordinativer Fähigkeiten – Bestell-Nr. 12 800

8

2. Koordinative Fähigkeiten schulen und verbessern

2.2 Vier Stationen: Schulen koordinativer Fähigkeiten in Dreiergruppen

Das folgende Beispiel ist durch den Einsatz von Handgeräten schnell zu organisieren. Es wird insgesamt wenig Zeit für die Vorbereitung und den Aufbau benötigt. Die Kastenteile können schon vorher im Geräteraum bereitgelegt werden.
Die Stationen werden durch Pylone und Pappschilder markiert.

Bei 24 Schülern und 4 Stationen werden insgesamt 3 Kastenteile, 3 Gymnastik- oder Basketbälle, 3 Gymnastikreifen, 6 Gymnastikstäbe aus Holz, 3 Springseile und 3 Pylone benötigt.

- ✓ Geschlossenes Stationenlernen an 4 Stationen in Dreiergruppen.
- ✓ 3 etwa gleich große Schüler finden sich zusammen.
- ✓ An jeder Station können bis zu 9 Schüler gleichzeitig üben.
- ✓ An den Stationen 1, 2 und 3 muss ein Rollentausch erfolgen. Damit der Rollentausch ohne Probleme erfolgt, gibt der Sportlehrer evtl. Teilzeiten durch Signale vor.
- ✓ Nachdem die Stationen (siehe Plan) aufgebaut worden sind, werden die einzelnen Stationen noch einmal gemeinsam durchgegangen, damit alle Schüler wissen, was an jeder Station gemacht werden soll.
- ✓ Jede Gruppe erhält ein Stationenblatt zur Information und Veranschaulichung.
- ✓ Die Stationen sind durch Pappschilder und/oder Pylone markiert.
- ✓ Der Sportlehrer gibt durch Ansage oder Signal die Übungszeiten vor.
- ✓ Jedes Paar sucht sich zu Beginn eine Station aus, an der begonnen wird. Danach muss die vorgesehene Reihenfolge eingehalten werden, d. h. nach Station 1 kommt Station 2, nach Station 4 kommt Station 1 usw.

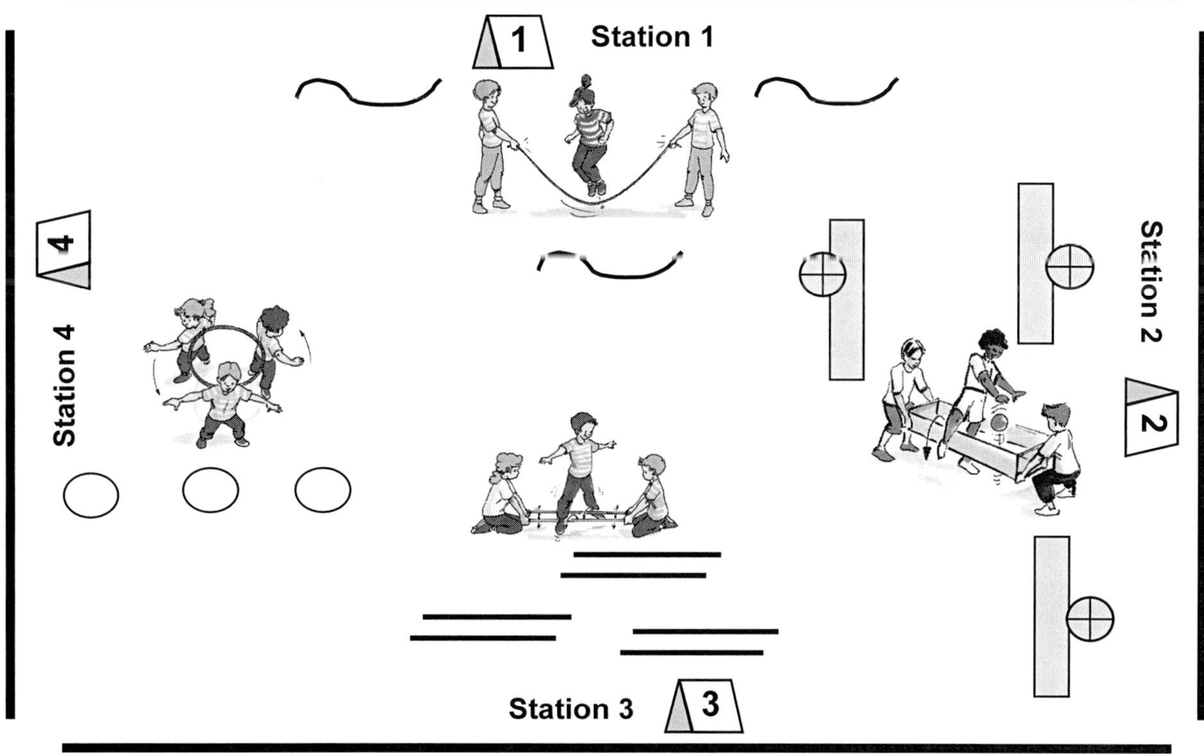

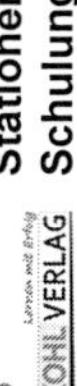

2. Koordinative Fähigkeiten schulen und verbessern

2.2 Vier Stationen: Prellen in Variationen – sich orientieren, anpassen und reagieren

Station 1

Aufgabe: 2 Schüler halten mit je einer Hand ein Ende des Sprungseils und schwingen es im gleichmäßigen Tempo:
Der dritte Schüler steht in der Mitte und hüpft ca. 10-20mal über das schwingende Seil, er passt sich dabei dem Rhythmus an.
Rollentausch vornehmen.

Zu einfach?
Der springende Schüler steht nun außerhalb des Seils und versucht, vorausschauend in das schwingende Seil hineinzulaufen und dann in gewohnter Weise zu hüpfen.

Material: 1 Springseil pro Gruppe (evtl. auch 2 Springseile zusammenknoten)

Station 2

Aufgabe: 2 Schüler sind in der halben Kniebeuge und halten das Kastenteil etwa waden- bis kniehoch:
Der Übende ist im Kastenteil und prellt den Ball ebenfalls im Kastenteil. Steige nun aus dem Kasten heraus und danach wieder hinein, der Ball wird dabei immer weiter im Kastenteil geprellt.
Rollentausch vornehmen.

Zu einfach?
Prelle den Ball mit der ungeübten Hand.

Material: Kastenteil, Gymnastik- oder Basketball

Station 3

Aufgabe: 2 Schüler sitzen oder hocken sich hin und halten mit ihren Händen 2 Stäbe etwa 10 bis 15 cm über dem Boden und führen die Stäbe im rhythmischen Wechsel auseinander und wieder zusammen:
Schüler C steht in der Mitte, versucht sich diesem Rhythmus anzupassen und führt Schluss- und Grätschsprünge im Wechsel aus. Versuche mindestens 10-15 Sprünge auszuführen.
Danach erfolgt Rollentausch, jeder muss einmal in der Mitte gewesen sein.

Zu einfach?
Die Stäbe etwas höher halten und/oder das Tempo steigern, d. h. die Stäbe schneller auseinander und wieder zusammenführen.

Material: je Gruppe 2 Gymnastikstäbe

Station 4

Aufgabe: Nehmt einen Reifen und klemmt ihn zwischen eure Rücken ein:
Geht nun langsam in eine Richtung zur Pylone. Versucht den Reifen über der Pylone zu positionieren und dann abzuwerfen, sodass die Pylone nun in der Mitte des Reifens steht. Geht dann zum Ausgangspunkt zurück und versucht es gleich noch einmal.

Zu einfach?
Dreht euch beim Gehen mit Reifen ständig im Kreis herum.

Material: Gymnastikreifen, Pylone

2. Koordinative Fähigkeiten schulen und verbessern

2.3 Fünf Stationen: Werfen, Fangen und Prellen in Variationen

Das folgende Beispiel ist schnell zu organisieren, weil an allen Stationen Gymnastikbälle eingesetzt werden. Evtl. sollte der Sportlehrer die Gymnastikbälle schon vorher in kleinen Kästen lagern und im Geräteraum bereitstellen, sodass sie zu Beginn nur zu den entsprechenden Stellen gebracht werden müssen. Die Gymnastikbälle liegen in den ausgelegten Reifen bereit.

Bei 24 Schülern und 5 Stationen werden insgesamt 30 Gymnastikbälle und 15 Gymnastikreifen benötigt.

- ✓ Offenes Stationenlernen an 5 Stationen in Einzelarbeit.
- ✓ An den Stationen können bis zu 5 Schüler gleichzeitig üben.
- ✓ Nachdem die Stationen (siehe Plan) aufgebaut worden sind, werden die einzelnen Stationen noch einmal gemeinsam durchgegangen, damit alle Schüler wissen, was an welcher Station gemacht werden soll.
- ✓ Jeder Schüler bekommt ein Stationenblatt zur Information und Veranschaulichung.
- ✓ Die Stationen sind durch Pappschilder und/oder Pylone markiert.
- ✓ Der Sportlehrer gibt durch Ansage oder Signal die Übungszeiten vor.
- ✓ Jeder Schüler sucht sich zu Beginn eine Station aus, an der begonnen wird. Auch die weitere Abfolge ist freigestellt. Wichtig ist, dass zum Schluss alle Stationen abgelaufen worden sind.
- ✓ Die erzielten Ergebnisse können evtl. auf dem Stationenblatt eingetragen werden.

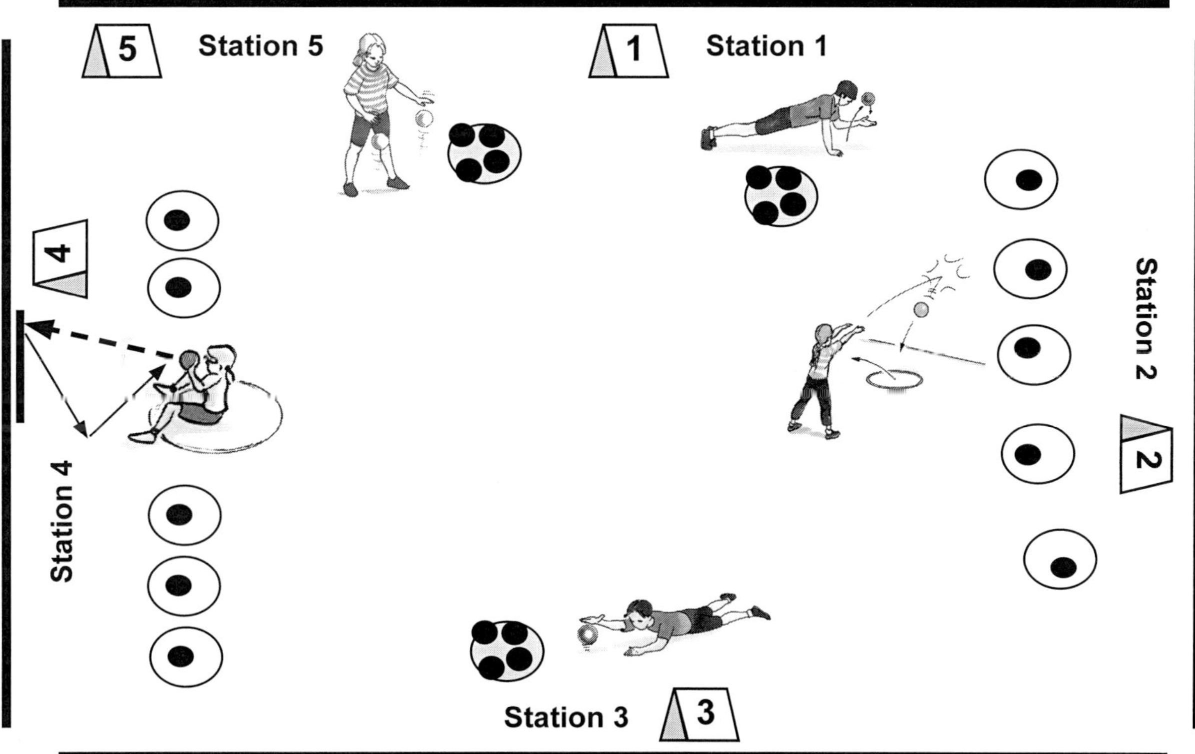

2. Koordinative Fähigkeiten schulen und verbessern

2.3 Fünf Stationen: Werfen, Fangen und Prellen in Variationen

Station 1

Aufgabe: Gehe in den Liegestütz vorlings mit geschlossenen Füßen:
Wirf den Gymnastikball mit einer Hand leicht an und fange ihn mit der anderen Hand. Übe danach sofort gegengleich.

Zu einfach?
Hebe dabei ein Bein leicht an.

Material: Gymnastikball

Station 2

Aufgabe: Wirf den Ball so gegen die Wand, dass er in einen davor liegenden Reifen aufprellt und dann zu dir zurückkommt.

Zu einfach?
Verändere die Abstände bei Abwurfpunkt und Reifenlage.

Material: Gymnastikball

Station 3

Aufgabe: Gehe in die Bauchlage und stütze dich mit einer Hand leicht ab:
Prelle mit der freien Hand den Ball mit fast gestrecktem Arm vor dem Körper, dann etwas zur Seite und wieder zurück zur Mitte und danach zur anderen Seite.

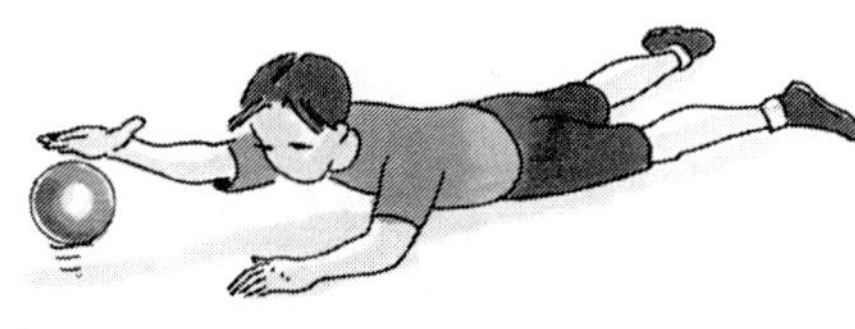

Zu einfach?
Nimm in der Mitte einen Handwechsel vor.

Material: Gymnastikball

Station 4

Aufgabe: Grätschsitz im Reifen:
Wirf den Ball so gegen die Wand, dass er einmal aufprellt und so zu dir zurückkommt, dass du ihn fangen kannst.
Wähle und korrigiere deinen Abstand zur Wand.

Zu einfach?
Klatsche vor dem Fangen einmal in die Hände.

Material: Gymnastikreifen und Gymnastikball

Station 5

Aufgabe: Beide Bälle liegen auf den Handflächen (Handrücken zeigen zum Boden):
Drehe nun beide Hände um und prelle beide Bälle gleichzeitig.

Zu einfach?
Prelle die Bälle so, dass einer immer unten und der andere immer oben ist.

Material: Gymnastikbälle

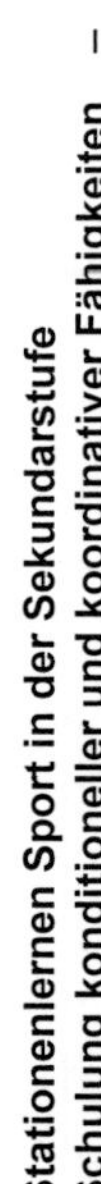

2. Koordinative Fähigkeiten schulen und verbessern

2.4 Fünf Stationen: Sich selbst und Handgeräte im Gleichgewicht halten

Das folgende Beispiel erfordert einen großen Materialaufwand und es wird deshalb mehr Zeit für die Vorbereitung und den Aufbau benötigt. Evtl. sollte der Sportlehrer die Reckstangen, Sprungseile und Kastendeckel schon vorher im Geräteraum bereitlegen, sodass sie von den Schülern schnell geholt und an die entsprechenden Stellen gebracht werden können.

Beim Einsatz der Reckstangen (Station 1) und der „Wippe“ (Station 3) kann es leicht zu Staus kommen. Um dies zu verhindern bzw. aufzufangen, wird eine sog. „Pufferstation“ zusätzlich angeboten, an der die Schüler die „Wartezeit“ übend verbringen können.

Bei 24 Schülern und 5 Stationen werden insgesamt 4 Reckstangen, 2 kleine Kästen, 3-4 Springseile, 3-4 Handtücher, 2-3 Turnbänke, 2-3 Kastendeckel und 3-4 Turnmatten benötigt.

- ✓ Offenes Stationenlernen an 5 Stationen in Partnerarbeit.
  2 etwa gleich große Schüler finden sich zusammen.
- ✓ An den Stationen 2, 4 und 5 können immer mehrere Schüler gleichzeitig üben. An der Station 1 kann mit etwas Abstand nacheinander geübt werden. An der Station 3 können 4 Schüler gleichzeitig üben. Hierbei kann es schon mal zu einem Stau kommen (Pufferstation).
- ✓ Jedes Paar erhält einen Stationenzettel mit den 5 Aufgaben.
- ✓ Nachdem die Stationen (siehe Plan) vorbereitet worden sind, werden die einzelnen Stationen noch einmal kurz gemeinsam durchgegangen, damit alle Schüler wissen, was an welcher Station gemacht werden soll.
- ✓ Die Stationen sind durch Pappschilder markiert.
- ✓ Der Sportlehrer gibt durch Ansage oder Signal die Übungszeiten pro Station vor.
- ✓ Jedes Paar wählt nun zu Beginn eine Station, an der begonnen wird. Auch die weitere Abfolge ist freigestellt. Wichtig ist, dass zum Schluss alle Stationen abgelaufen worden sind.
- ✓ An mancher Station erfolgt Rollentausch innerhalb der Übungszeit.

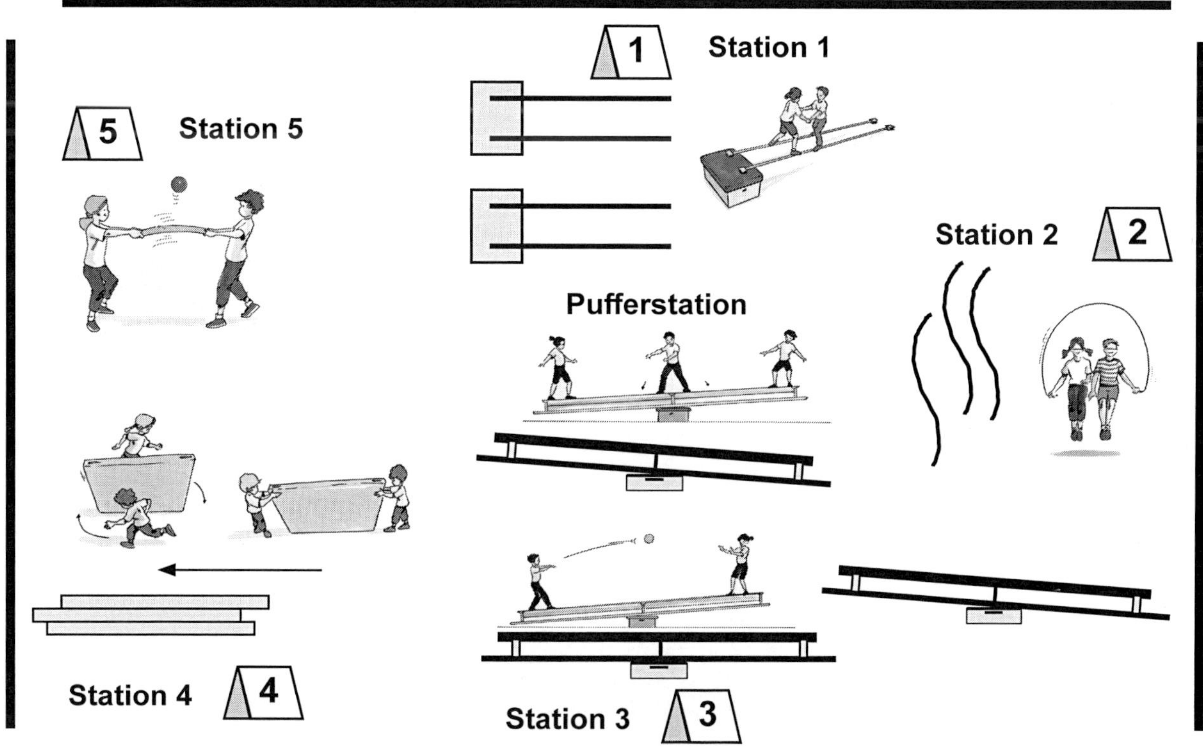

2. Koordinative Fähigkeiten schulen und verbessern

2.4 Fünf Stationen: Sich selbst und Handgeräte im Gleichgewicht halten

Station 1

Aufgabe: Balanciert zu zweit mit Handfassung über beide schräg aufwärts verlaufende Reckstangen. Der eine Schüler geht dabei vorwärts, der andere Schüler geht rückwärts.
Beim nächsten Durchgang Rollentausch vornehmen.

Zu einfach?
Versucht die Handfassung durch einen Ball zu ersetzen, der von beiden Schülern gefasst wird.

Material: kleiner Kasten, 2 Reckstangen

Station 2

Aufgabe: Zu zweit nebeneinander mit einem Seil, jeder hat ein Ende des Sprungseils in der Hand:
Gemeinsam seilspringen, sich dabei abstimmen und gemeinsam schwingen.

Zu einfach?
Versucht das Tempo des Seilschlages zu erhöhen.

Material: Springseil bzw. 2 verbundene Springseile

Station 3

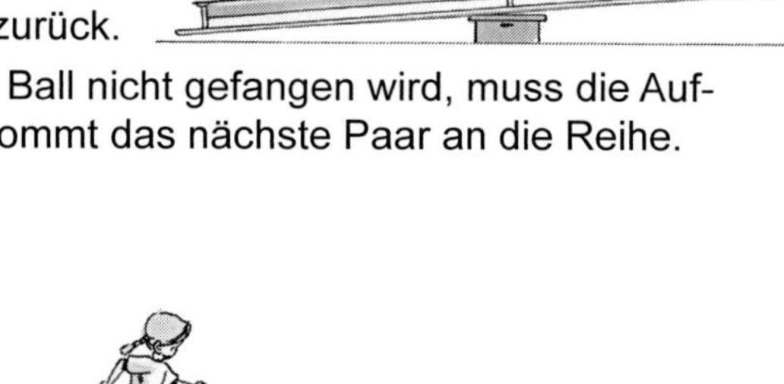

Aufgabe: Die Turnbank liegt mittig auf einem Kastendeckel:
Steigt vorsichtig auf die Enden der Turnbank und balanciert die Bank waagerecht und euren Körper zum sicheren Stand aus. Nun wirft dein Partner dir den Ball möglichst genau zu, sodass du ihn fangen kannst, ohne die Bank zu verlassen. Wirf danach den Ball zum Partner zurück.

Hinweise: Wenn ein Schüler die Bank verlassen muss oder der Ball nicht gefangen wird, muss die Aufgabe immer wieder neu begonnen werden. Nach 3 Versuchen kommt das nächste Paar an die Reihe.

Material: Kastendeckel, Turnbank

Station 4

Aufgabe: Beide Schüler stellen die Matte auf eine Längsseite hochkant und halten sie fest. Balanciert die Matte etwas aus, sodass sie fast allein steht:
Auf Blickkontakt und Signal „und jetzt" lasst ihr die Matte los. Lauft schnell zur anderen Seite und versucht die Matte zu fassen, bevor sie umfällt.

Zu einfach?
Lauft jetzt mit der anderen Körperseite an der Matte entlang.

Material: Turnmatte

Station 5

Aufgabe: Fasst ein Handtuch an den Ecken:
Werft damit einen Gymnastikball in die Luft. Fangt ihn mit dem Handtuch wieder auf und werft ihn dann wieder in die Luft.

Zu einfach?
Werft den Ball etwas zur Seite und geht mit kleinen Schritten schnell hinterher, um ihn wieder aufzufangen.

Material: 1 altes Handtuch, 1 Gymnastikball je Paar

Pufferstation

Aufgabe: Die Turnbank liegt mittig auf einem Kastendeckel:
Steigt vorsichtig auf die Enden der Turnbank und balanciert die Bank waagerecht und euren Körper zum sicheren Stand aus. Ein dritter Schüler steht in der Mitte der Bank und bringt die Turnbank durch Gewichtsverlagerung zum Wippen.

Material: Kastendeckel, Turnbank

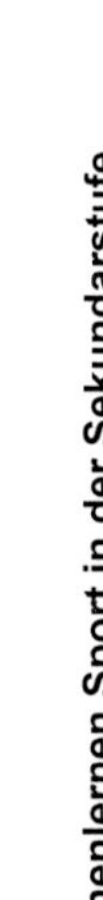

Bestell-Nr. 12 800

2. Koordinative Fähigkeiten schulen und verbessern

2.5 Fünf Stationen: Koordinationsschulung mit unterschiedlichen Handgeräten

Das folgende Beispiel ist durch den Einsatz von Handgeräten schnell zu organisieren. Es wird insgesamt wenig Zeit für die Vorbereitung und den Aufbau benötigt. Die Handgeräte wie Bälle, Reifen und Stäbe können schon vorher im Geräteraum bereitgelegt werden. Die Stationen werden durch Pappschilder markiert.

Bei 24 Schülern und 5 Stationen werden insgesamt 15 Gymnastikbälle, 10 Gymnastikreifen, 5 Gymnastikstäbe aus Holz und 5 Pylone benötigt.

- ✓ Geschlossenes Stationenlernen an 5 Stationen in Einzelarbeit.
- ✓ 4-5 Schüler an jeder Station.
- ✓ Jeder Schüler erhält einen Stationenzettel mit den 5 Aufgaben.
- ✓ An allen Stationen kann gleichzeitig nebeneinander geübt werden.
- ✓ Nachdem die Stationen (siehe Plan) aufgebaut worden sind, werden die einzelnen Stationen noch einmal gemeinsam durchgegangen, damit alle Schüler wissen, was an jeder Station gemacht werden soll.
- ✓ Die Stationen sind durch Pappschilder und/oder Pylone markiert.
- ✓ Der Sportlehrer gibt durch Ansage oder Signal die Übungszeiten vor.
- ✓ Jeder Schüler sucht sich zu Beginn eine Station aus, an der begonnen wird. Danach muss die vorgesehene Reihenfolge eingehalten werden, d. h. nach Station 4 kommt Station 5, nach Station 5 kommt Station 1 usw.
- ✓ Die erzielten Ergebnisse können evtl. auf dem Stationenzettel vermerkt werden.

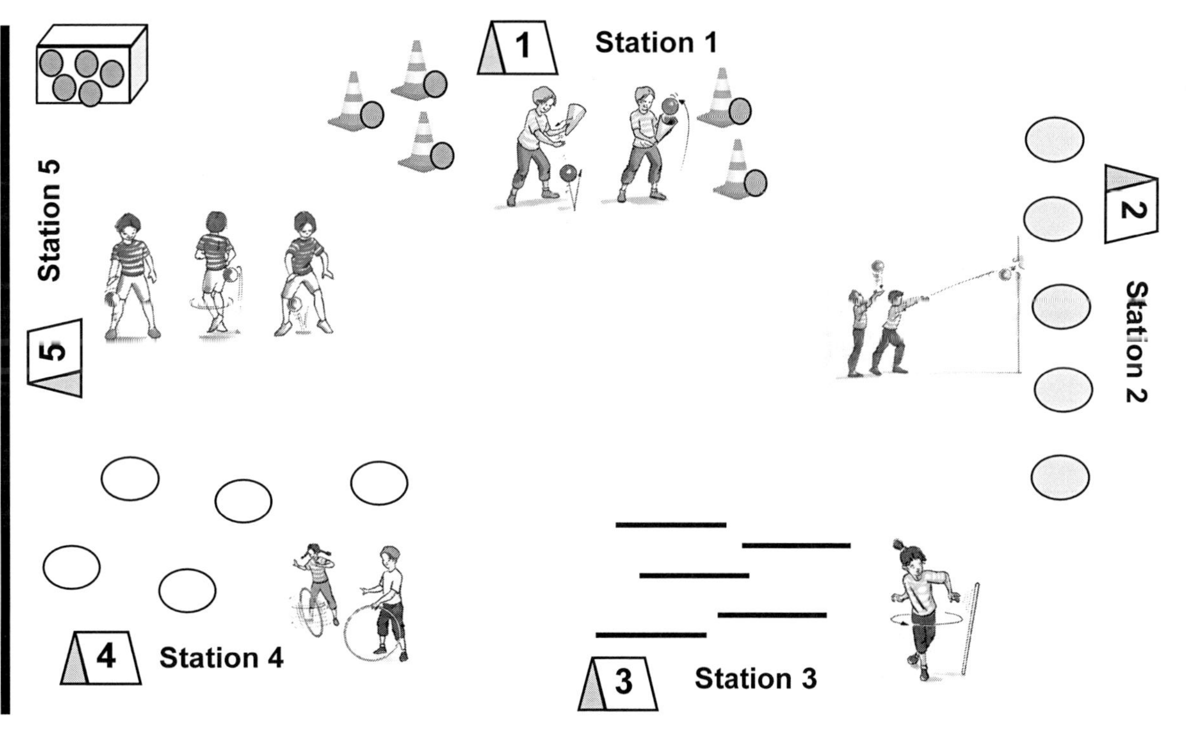

2. Koordinative Fähigkeiten schulen und verbessern

2.5 Fünf Stationen: Koordinationsschulung mit unterschiedlichen Handgeräten

Station 1

Aufgabe: Prelle den Ball mit der rechten Hand auf den Boden und übergebe sofort danach die in der linken Hand gehaltene Pylone in die rechte Hand, damit das Auffangen des Balles mit der rechten Hand gelingt.

Zu einfach?
Führe die Bewegung gegengleich aus – prelle den Ball mit der linken Hand auf den Boden.

Material: Pylone, Ball

Station 2

Aufgabe: Wirf den Ball leicht in die Luft, fange ihn dann auf und wirf ihn so gegen die Wand, dass er in den davor liegenden Reifen fällt.

Zu einfach?
Verändere deinen Abstand zur Wand beim Werfen und auch den Abstand des Reifens zur Wand.

Material: Ball, Gymnastikreifen

Station 3

Aufgabe: Stelle den Stab senkrecht vor dich hin und halte ihn mit einer Hand fest: Lass den Stab los, drehe dich ganz schnell um die eigene Achse und versuche den Stab wieder zu fassen, bevor er umfällt.

Zu einfach?
Führe die Bewegung gegengleich aus – halte den Stab mit der anderen Hand fest und drehe dich auch zur anderen Seite.

Material: Gymnastikstab aus Holz

Station 4

Aufgabe: Fasse den Reifen mit einer Hand von oben und stelle ihn senkrecht vor dich hin: „Zwirbele“ nun den Reifen kräftig, dass er sich auf der Stelle um sich selbst dreht, und lass ihn los. Sobald es möglich ist, versuche mit Schlusssprüngen in den langsamer drehenden Reifen hinein- und wieder herauszuspringen. Wie oft gelingt dir das?

Zu einfach?
Springe mit einem Bein hinein und wieder heraus.

Material: Gymnastikreifen

Station 5:

Aufgabe: Prelle den Ball auf der Stelle, führe eine schnelle Drehung um die eigene Achse aus und versuche danach gleich wieder den Ball zu prellen.

Zu einfach?
Drehe dich auch zur anderen Seite.

Material: Gymnastikball

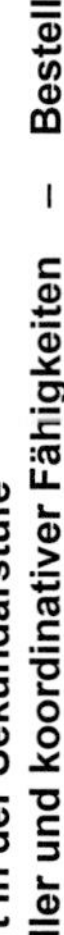

3. Lernbereich Turnen

3.1 Fünf Stationen: Lernen und üben der Flugrolle

Das folgende Beispiel erfordert einen mittleren Materialaufwand und benötigt etwas mehr Zeit für den Aufbau. Die Geräte werden gemeinsam an den markierten Stellplätzen aufgebaut. Es wird erst dann mit dem Üben begonnen, wenn alle Stationen aufgebaut und markiert worden sind. Den großen Kasten (3-4 teilig) und den Kastendeckel sollte der Sportlehrer schon vorher im Geräteraum bereitgelegt haben.

Bei 24 Schülern und 5 Stationen werden insgesamt 1 Turnbank, 3 Sprungbretter, 3 kleine Kästen, 1 großer Kasten, 1 Kastendeckel und 14-18 Turnmatten benötigt.

- ✓ Geschlossenes Stationenlernen an 5 Stationen mit unterschiedlichen Einstiegs- und Endstationen.
- ✓ Jeder Schüler erhält einen Stationenzettel mit den 5 Aufgaben.
- ✓ An der Station 1 kann nebeneinander geübt werden, an allen anderen Stationen wird nacheinander und mit Abstand geübt. Die Aufgabe an der jeweiligen Station sollte mehrmals wiederholt werden, um immer mehr Bewegungssicherheit zu erlangen.
- ✓ Nachdem die Stationen (siehe Plan) entsprechend aufgebaut und markiert worden sind, werden die einzelnen Stationen noch einmal gemeinsam durchgegangen, damit alle Schüler wissen, was an welcher Station gemacht werden soll.
- ✓ Die Stationen sind durch Pappschilder/Pylone markiert.
- ✓ Jeder Schüler wählt zu Beginn eine Station, an der er aufgrund seiner Voraussetzungen bzw. seines Könnens beginnt. Danach wird die Reihenfolge der Stationen eingehalten, d. h. nach Station 3 kommt Station 4, nach Station 4 kommt Station 5 usw.
- ✓ Der Sportlehrer gibt durch Ansage oder Signal die Übungszeiten pro Station vor.

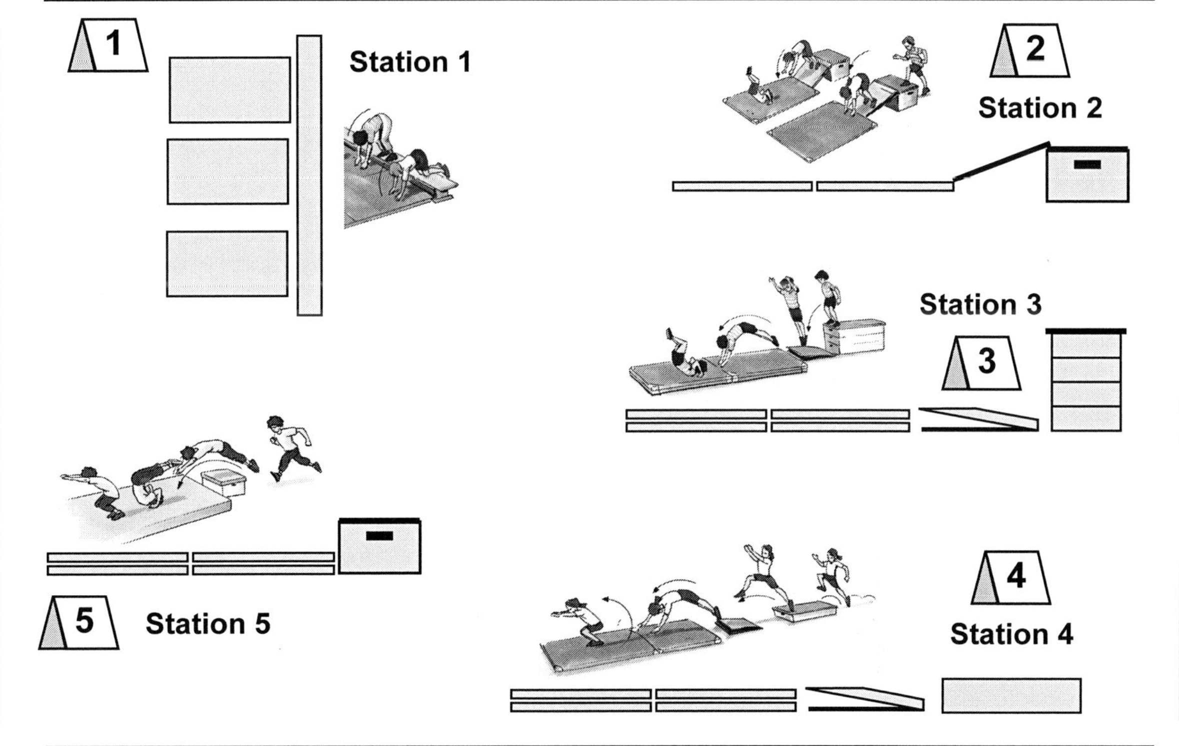

3. Lernbereich Turnen

3.1 Fünf Stationen: Lernen und üben der Flugrolle

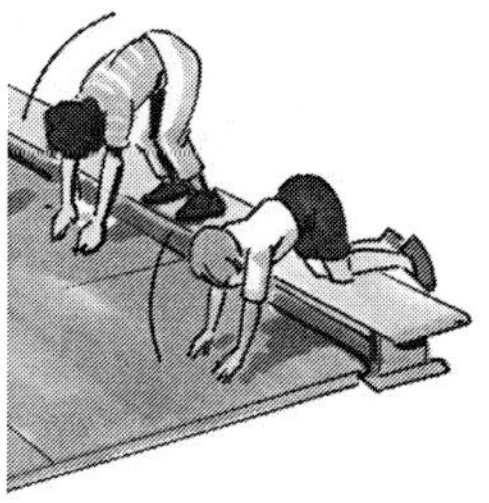

Station 1

Aufgabe: Turne eine Rolle vorwärts aus dem Kniestand oder Hockstand von der Turnbank. Greife beim Rollen etwas weiter nach vorne.

Material: Turnbank, Matten

Station 2

Aufgabe: Gehe auf die schräge Ebene und suche dir eine entsprechende Position. Lasse dich mit leicht gewinkelten Hüften nach vorn fallen und springe den weit nach vorn greifenden Armen nach und turne eine Flugrolle: erst springen, dann stützen, dann rollen.

Hinweise: Beginne zunächst weit unten auf der „schrägen Ebene" und gehe dann stetig weiter nach oben.

Material: kleiner Kasten, Sprungbrett, Matten

Station 3

Aufgabe: Springe aus dem Stand vom drei- bis vierteiligen großen Kasten auf das Sprungbrett. Behalte deine Körperspannung und springe kraftvoll vom federnden Sprungbrett ab und turne eine Flugrolle: erst springen, dann stützen, dann rollen.

Material: großer Kasten, Sprungbrett, Matten

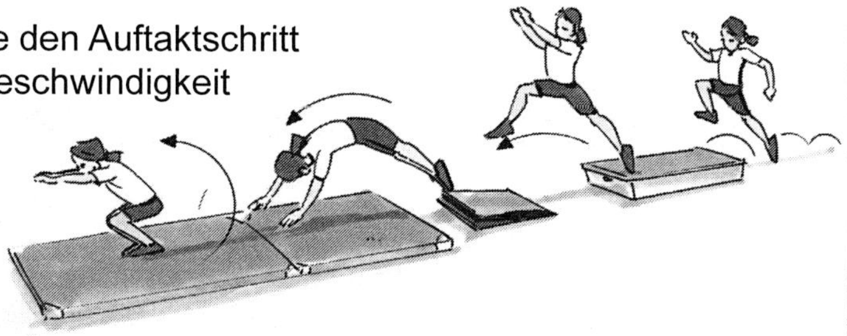

Station 4

Aufgabe: Laufe mit 3-5 Schritten an und führe den Auftaktschritt auf dem Kastendeckel aus. Setze die Anlaufgeschwindigkeit flüssig in den beidbeinigen Absprung vom Sprungbrett um und turne die Flugrolle: erst springen, dann stützen, dann rollen.

Hinweise: Die Landung erfolgt auf einer doppelten Mattenlage.

Material: Kastendeckel, Sprungbrett, Matten

Station 5

Aufgabe: Laufe mit 3-5 Schritten an und turne eine Flugrolle über den kleinen Kasten.

Material: kleiner Kasten, Matten

9

3. Lernbereich Turnen

3.2 Fünf Stationen: Lernen und üben der Hocke über den Bock

Das folgende Beispiel erfordert einen hohen Materialaufwand und benötigt deshalb mehr Zeit für den Aufbau. Die Geräte werden gemeinsam an den markierten Stellplätzen aufgebaut. Der Sportlehrer kontrolliert die Sicherheit der Geräte (eingehängte Turnbänke, Fixierung der Höhe bei den Böcken). Es wird erst dann mit dem Üben begonnen, wenn alle Stationen aufgebaut und markiert worden sind. Die Böcke (unterschiedliche Höhen) sollte der Sportlehrer schon vorher im Geräteraum eingestellt und transportbereit gemacht haben.

Bei 24 Schülern und 5 Stationen werden insgesamt 3 Turnbänke, 2 kleine Kästen, 3 unterschiedlich hohe Böcke. 2 Sprungbretter und 6-8 Turnmatten benötigt.

- ✓ Geschlossenes Stationenlernen an fünf Stationen mit unterschiedlichen Einstiegs- und Endstationen.
- ✓ Jeder Schüler erhält einen Stationenzettel mit den 5 Aufgaben.
- ✓ Die Übung der Station 1 kann überall in der Sporthalle ausgeführt werden. An den Stationen 2, 3, 4 und 5 wird nacheinander mit Abstand geübt.
- ✓ Oftmaliges Üben bildet die Voraussetzung für das Üben an der nächsten Station.
- ✓ Die Station 5 ist ein Angebot für sehr leistungsstarke Schüler. Die meisten Schüler werden die Stationen 3 und 4 ausführen.
- ✓ **Die Hocke an den Stationen 4 und 5 wird immer nur mit Hilfeleistung/Sicherheitsstellung durch den Sportlehrer oder Mitschüler ausgeführt.**
- ✓ Nachdem die Stationen (siehe Plan) entsprechend aufgebaut und markiert worden sind, werden die einzelnen Stationen noch einmal gemeinsam durchgegangen, damit alle Schüler wissen, was an welcher Station gemacht werden soll.
- ✓ Die Stationen sind durch Pappschilder/Pylone markiert.
- ✓ Jedes Schüler wählt zu Beginn eine Station, an der er aufgrund seiner Vorerfahrungen und seines Könnens beginnt.
- ✓ Danach wird die Reihenfolge der Stationen eingehalten, d.h. nach Station 3 kommt Station 4, nach Station 4 kommt Station 5 usw.
- ✓ Der Sportlehrer gibt durch Ansage oder Signal die Übungszeiten pro Station vor.

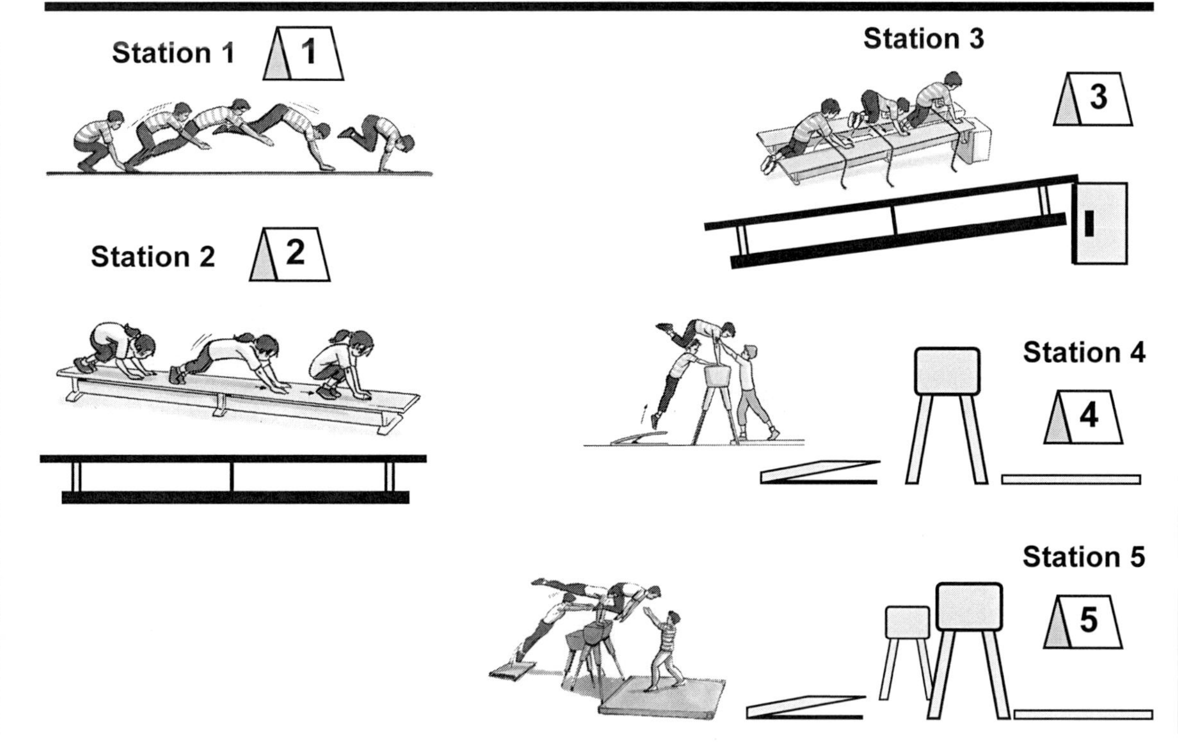

3. Lernbereich Turnen

3.2 Fünf Stationen: Lernen und üben der Hocke über den Bock

Station 1

Aufgabe: Springe aus dem Hockstütz mit den Händen nach vorn, stütze dich ab und hocke mit den Beinen nach.

Hinweise: Versuche eine kleine Flugphase vor dem Stütz der Hände einzufügen.
Führe diese Übung 3-5mal ohne Pause in rhythmischer Folge aus.

Material: ---

Station 2

Aufgabe: Hockstütz auf der Turnbank:
Rutsche oder springe mit den Händen nach vorn und hocke mit den Beinen nach.

Hinweise: Führe diese Übung über die gesamte Länge der Turnbank aus. Gehe erst dann zur nächsten Station, wenn du eine kleine Flugphase vor dem Stütz der Hände ausführen kannst.

Material: Turnbank

Station 3

Aufgabe: Bankgasse schulterbreit, die Turnbänke werden an einer Seite auf hochkant stehende kleine Kästen gehängt:
Hocke über die in der Bankgasse gespannten Sprungseile. Springe dabei den vorgreifenden Händen nach: erst springen, dann greifen, dann hocken.

Hinweise: Hocke möglichst rhythmisch über die Sprungseile.
Gehe erst dann zur nächsten Station, wenn du das Hocken an der Bankgasse mehrmals korrekt ausgeführt hast.

Material: kleine Kästen, Sprungseile, Turnbänke

Station 4

Aufgabe: Laufe mit mehreren Schritten an und springe die Hocke über den Bock mit Hilfeleistung. Wiederhole die Hocke über den Bock, bis du immer sicherer wirst. Gehe erst dann zur nächsten Station.

Hinweise: Anlaufen, kräftig vom Sprungbrett abspringen, erst springen, dann stützen. Hocke erst dann an, wenn du dich mit den Händen vom Bock abdrückst. Lande weich und elastisch auf den Fußballen.

Hilfeleistung: Die Hilfeleistung steht in Schrittstellung am Bock und unterstützt hebend und ziehend mit beiden Händen an den Oberarmen.
Die Hilfeleistung begleitet den Übenden bis in den sicheren Stand. Zunächst wird der Sportlehrer selbst die Hilfeleistung geben. Im Verlaufe des Lern- und Übungsprozesses können dann auch eingewiesene Schüler diese Aufgabe übernehmen.

Material: Sprungbrett, Bock, Turnmatten

Station 5

Hinweise: Diese Übung wird in der Regel nur von sehr leistungsstarken Schülern versucht und ausgeführt. Voraussetzung ist die Hocke über den Bock ohne Hilfeleistung (nur Sicherheitsstellung).

Aufgabe: Laufe schnell an, springe kräftig vom Sprungbrett ab und springe die Hocke über den Doppelbock (T-Bock). Versuche, weit und hoch einzuspringen, sodass sich deine Hände auf den zweiten (höheren) Bock stützen. Auch hier gilt: erst springen, dann stützen.
Hocke erst dann an, wenn du dich mit den Händen vom zweiten Bock abdrückst.
Lande weich und elastisch auf den Fußballen.

Hilfeleistung: siehe Station 4

Material: Sprungbrett, Böcke, Turnmatten

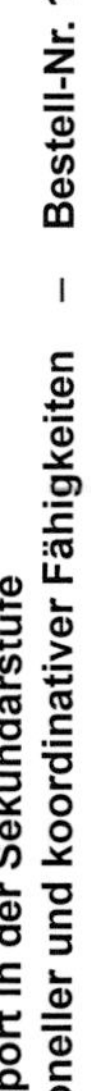

3. Lernbereich Turnen

3.3 Vier Stationen: Handstandabrollen lernen und üben

Das folgende Beispiel erfordert einen mittleren Materialaufwand und benötigt etwas mehr Zeit für den Aufbau. Die Geräte werden gemeinsam an den markierten Stellplätzen aufgebaut. Es wird erst dann mit dem Üben begonnen, wenn alle Stationen aufgebaut und markiert worden sind. Den großen Kasten (3-4 teilig) und die Sprungbretter sollte der Sportlehrer schon vorher im Geräteraum transportbereit hingestellt haben.

Bei 24 Schülern und 4 Stationen werden insgesamt 2 Sprungbretter, 1-2 große Kästen und 10-12 Turnmatten benötigt.

- ✓ Geschlossenes Stationenlernen an 4 Stationen mit unterschiedlichen Einstiegs- und Endstationen.
- ✓ Jeder Schüler erhält einen Stationenzettel mit den 4 Aufgaben.
- ✓ An der Station 1 kann nebeneinander geübt werden, an allen anderen Stationen wird nacheinander und mit Abstand geübt. Die Aufgabe an der jeweiligen Station sollte mehrmals wiederholt werden, um immer mehr Bewegungssicherheit zu erlangen. Gehe erst dann zur nächsten Station weiter, wenn du die Übung an dieser Station sicher beherrschst.
- ✓ Nachdem die Stationen (siehe Plan) entsprechend aufgebaut und markiert worden sind, werden die einzelnen Stationen noch einmal gemeinsam durchgegangen, damit alle Schüler wissen, was an welcher Station gemacht werden soll.
- ✓ Die Stationen sind durch Pappschilder/Pylone markiert.
- ✓ Jeder Schüler wählt zu Beginn eine Station, an der er aufgrund seiner Voraussetzungen beginnt. Danach wird die Reihenfolge der Stationen eingehalten, d. h. nach Station 1 kommt Station 2, nach Station 2 kommt Station 3 usw.
- ✓ Der Sportlehrer gibt durch Ansage oder Signal die Übungszeiten pro Station vor.

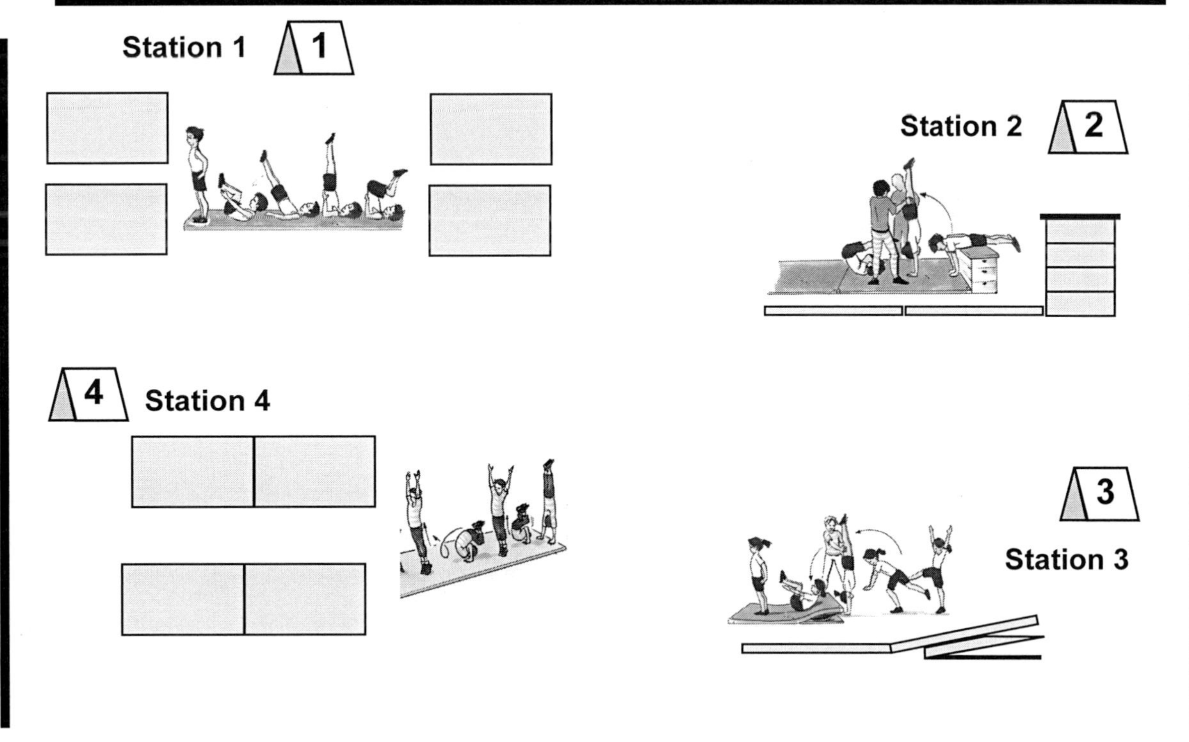

KOHL VERLAG
Stationenlernen Sport in der Sekundarstufe
Schulung konditioneller und koordinativer Fähigkeiten – Bestell-Nr. 12 800

9

3. Lernbereich Turnen

3.3 Vier Stationen: Handstandabrollen lernen und üben

Station 1

Aufgabe: Turne aus dem Sitz eine Kerze und stütze dich mit den Händen an den Hüften ab. Lasse dich aus dieser Haltung gestreckt nach vorn fallen und mache dich beim Rollen ganz rund. Versuche ohne Nachfassen der Hände in den Stand zu kommen. Wiederhole diese Übung einige Male, bis du ganz sicher bist.

Material: Turnmatten

Station 2

Aufgabe: Lege dich mit dem Bauch auf den hüfthohen Kasten: Neige dich nach vorn und setze die Hände mit den Fingerspitzen nach vorn dicht an den Kasten auf die Matte. Beuge zum Auftakt leicht die Hüften und schwinge in den Handstand auf. Lasse dich anschließend gestreckt nach vorn fallen und rolle wie aus der Kerze ab.

Hilfeleistung: Anfangs stehen rechts und links Helfer, die das Aufschwingen in den Handstand und auch das Abrollen mit Griff an den Oberschenkeln unterstützen, um ein hartes Aufkommen zu verhindern.

Tipp: Übe immer wieder, bis du es fast ohne die Hilfeleistung kannst. Gehe erst dann zur nächsten Station.

Material: großer Kasten (hüfthoch), Turnmatten

Station 3

Aufgabe: Schwinge in den Handstand auf und rolle auf der schrägen Ebene ab. Lasse dich dabei gestreckt über die Senkrechte fallen und beginne erst dann das Abrollen.

Hinweise: Die Hände stützen dicht vor dem Sprungbrett.

Hilfeleistung: Die Hilfeleistung unterstützt zunächst noch mit Griff an den Oberschenkeln.

Tipp: Übe immer wieder, bis du es fast ohne die Hilfeleistung kannst. Gehe erst dann zur nächsten Station.

Material: Sprungbrett, Turnmatten

Station 4

Aufgabe: Stand vor den Matten in Schrittstellung: Führe einen Auftaktschritt aus und schwinge in den Handstand. Lasse dich über die Senkrechte mit gestrecktem Körper nach vorn überfallen und nimm erst beim Abrollen die Knie an die Brust.

Hinweise: Die Hände schulterbreit aufsetzen, Fingerspitzen zeigen nach vorn, den Kopf nur leicht ins Genick nehmen. Die rechts und links stehenden Mitschüler (Sportlehrer) unterstützen den Bewegungsablauf mit Griff an den Oberschenkeln.

Tipp: Übe immer wieder, sodass die Hilfeleistung schrittweise weiter abgebaut werden kann.

Material: Turnmatten

Stationenlernen Sport in der Sekundarstufe
Schulung konditioneller und koordinativer Fähigkeiten – Bestell-Nr. 12 800

10

4. Lernbereich Leichtathletik – *Outdoor Fitness*

4.1 Vier Stationen: Vom Druckwurf zum Stoßen

Auch in der Sporthalle lassen sich leichtathletische Grundformen in Form von Stationen gut vorbreiten. Die jeweiligen örtlichen Voraussetzungen müssen berücksichtigt und die Stationen/Aufgaben danach ausgerichtet werden.

Beim Werfen/Stoßen müssen wichtige Maßnahmen wie Abstände und umsichtiges Verhalten beachtet und vom Sportlehrer kontrolliert werden. Es hat sich bewährt, für die 4 Stationen entsprechende Bereiche durch Pylone zu markieren. Möglichst immer geradeaus werfen/stoßen und immer wieder hinterher die eigentlichen Positionen einnehmen. Die hier dargestellten Aufgaben bereiten das Stoßen mit Medizinbällen in der Sporthalle vor. Später können diese Erfahrungen/Kenntnisse auf das Kugelstoßen im Freien übertragen werden.

Bei 24 Schülern und 4 Stationen werden ca. 10-12 springende Medizinbälle mit einem Gewicht von 1 kg oder 1,5 kg benötigt, wobei an den Stationen 1 und 2 auch Basketbälle eingesetzt werden können. Zum Abgrenzen der Bereiche werden ca. 10 Pylone verwendet.

- ✓ Geschlossenes Stationenlernen an 4 Stationen in Einzelarbeit.
- ✓ Die Stationen werden unter Berücksichtigung der örtlichen Voraussetzungen aufgebaut/organisiert.
- ✓ Die Stationen und die Bereiche sind durch Pappschilder und Pylone deutlich markiert.
- ✓ Die Station 1 erfolgt in Einzelarbeit. Die Stationen 2,3 und 4 werden in Partnerarbeit durchgeführt. Der Partner kann auch unterstützende Hinweise zum Bewegungsablauf geben (siehe Aufgabe und Abbildung).
- ✓ Nachdem die Stationen positioniert worden sind, werden sie noch einmal gemeinsam durchgegangen, damit alle Schüler wissen, was an welcher Station gemacht werden soll. Der Sportlehrer weist noch einmal darauf hin, möglichst immer geradeaus zu stoßen und sich insgesamt umsichtig zu verhalten.
- ✓ Jeder Schüler erhält einen Stationenzettel mit den 4 Aufgaben.
- ✓ Wenn die Medizinbälle an der Station 1 nicht mehr benötigt werden, können sie an den anderen Stationen verwendet werden. Sollten nicht ausreichend Medizinbälle vorhanden sein, kann an den Stationen 1 und 2 auch mit Basketbällen geübt werden.
- ✓ Der Sportlehrer gibt durch Ansage oder Signal die Übungszeiten vor.
- ✓ Jeder Schüler sucht sich zu Beginn eine Station aus, an der er beginnt. Danach sollte die weitere Abfolge eingehalten werden.

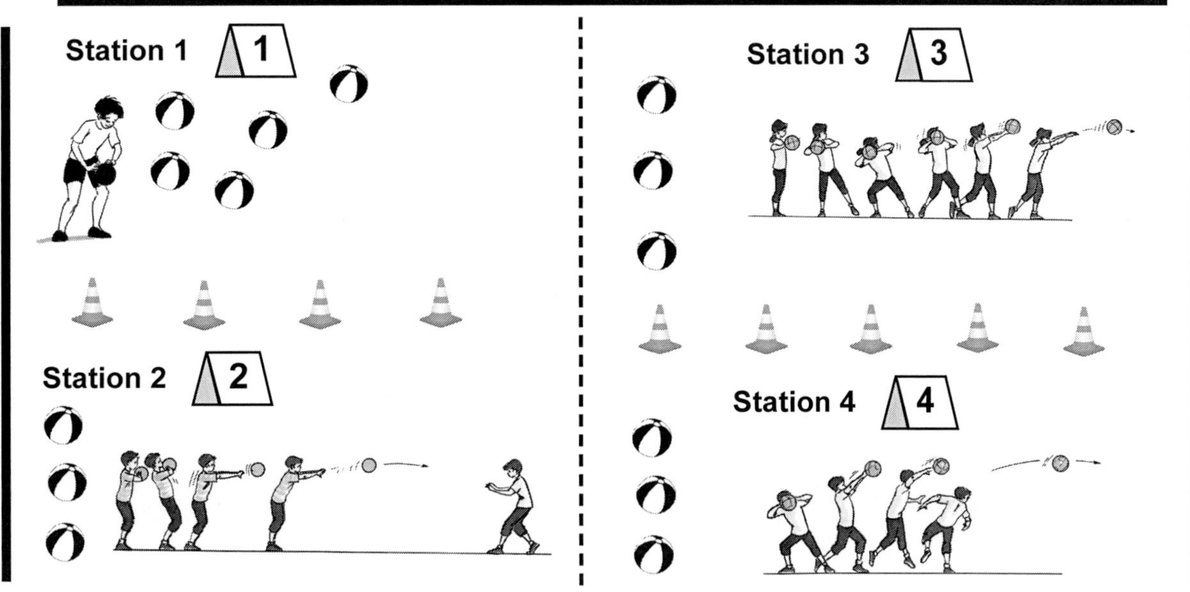

Stationenlernen Sport in der Sekundarstufe
Schulung konditioneller und koordinativer Fähigkeiten – Bestell-Nr. 12 800

4. Lernbereich Leichtathletik – *Outdoor Fitness*

4.1 Vier Stationen: Vom Druckwurf zum Stoßen

Station 1

Aufgabe: Prelle/drücke den Medizinball mit beiden Händen und mit nach innen gerichteten Fingern kräftig auf den Boden. Nimm den zurückspringenden Medizinball wieder an und drücke ihn gleich wieder auf den Boden.

Hinweise: Versuche mehrmals nacheinander rhythmisch zu üben: prellen – annehmen – prellen. Diese Übung kann auch mit Basketbällen ausgeführt werden.

Material: springende Medizinbälle: 1 kg, Durchmesser 21 cm oder 1,5 kg, Durchmesser 28 cm

Station 2

Aufgabe: Zu zweit gegenüber aufstellen:

Stehe im leichten Grätschstand und halte den Medizinball mit nach innen gerichteten Fingerspitzen unterhalb des Kinns vor der Brust, die Ellenbogen zeigen dabei nach außen, der Oberkörper ist leicht zurückgeneigt: Stoße den Ball nun mit beiden Händen zum Partner gegenüber, sodass dieser den Medizinball möglichst fangen kann und danach den Ball zu dir zurückstößt.

Hinweise: Wiederhole diese Übung immer wieder.

Material: springende Medizinbälle: 1 kg, Durchmesser 21 cm oder 1,5 kg, Durchmesser 28 cm

Station 3

Aufgabe: Stehe im leichten Grätschstand und halte den Medizinball mit nach innen gerichteten Fingerspitzen unterhalb des Kinns vor der Brust, die Ellenbogen zeigen dabei nach außen:

Führe mit dem gehaltenen Ball eine Vierteldrehung nach rechts aus (beim Rechtshänder), wobei der rechte Fuß nur leicht mitdreht, während der linke Fuß angehoben und mit dem Fußballen vor dem Körper neu aufsetzt, sodass nun die linke Körperseite in Stoßrichtung zeigt. Das rechte Knie wird leicht gebeugt, sodass das linke gestreckte Bein nur noch mit den Fußspitzen den Boden berührt.
Stoße nun aus dieser Stellung den Medizinball zum Partner.

Hinweise: Wiederhole diese Übung immer wieder, bis der Bewegungsablauf flüssig und rund ist. Achte beim Stoßen darauf, dass die Hände lange hinter dem Ball bleiben (gestreckter Arm nach dem Stoß).

Material: springende Medizinbälle: 1 kg, Durchmesser 21 cm oder 1,5 kg, Durchmesser 28 cm

Station 4

Aufgabe: Ausgangsstellung wie unter Station 3 beschrieben:
Wer kann den Medizinball „vorhoch springend hinausstoßen"?
Umspringen von „rechts über links auf rechts" (beim Rechtshänder). Der Fuß des hinteren Beines landet dabei rechts neben der Stelle, die der andere (vordere) Fuß vor dem Rückführen nach hinten eingenommen hat.

Hinweise: Sieh dir die Abbildung nochmal genau an, damit sich deine Bewegungsvorstellung vervollkommnet. Über immer wieder, bis der Bewegungsablauf flüssig gelingt. Diese Übung ist besonders wichtig, weil sie dann genau so auf dem Sportplatz mit der Kugel ausgeführt wird.

10 4. Lernbereich Leichtathletik – *Outdoor Fitness*

4.2 Vier Stationen: Schleuderballwurf – lernen und üben

Auf dem Sportplatz lässt sich das Stationenlernen gut organisieren. Man muss dabei natürlich immer die jeweiligen örtlichen Voraussetzungen berücksichtigen und die Aufgaben danach ausrichten. Die hier genannten Beispiele müssen evtl. unter Beachtung der Gegebenheiten vor Ort ergänzt bzw. modifiziert werden.

Werfen erfordert viel Platz, deshalb sollte immer der gesamte Sportplatz genutzt und wie hier in 4 Bereiche aufgeteilt werden. Der Sportlehrer weist zu Beginn darauf hin, besonders aufmerksam zu sein und immer die Wurfbahnen und das Verhalten der Mitschüler zu beobachten. Er selbst muss die angedachten Abstände und Maßnahmen kontrollieren.

Bei 24 Schülern und 4 Stationen werden ca. 10-12 Schleuderbälle mit einem Gewicht von 800 g und/oder 1000 g und Pylone benötigt.

- ✓ Offenes Stationenlernen an 4 Stationen in Partnerarbeit.
- ✓ Es finden sich immer zwei Partner zusammen, die in etwa gleich wurfstark sind. An den Stationen 1, 2 und 3 wird in Partnerform geübt. An der Station 4 wird die Aufgabe in Einzelarbeit ausgeführt.
- ✓ Die Stationen werden unter Berücksichtigung der örtlichen Voraussetzungen aufgebaut/organisiert. Der gesamte Sportplatz wird in 4 Wurfbereiche eingeteilt und durch Pylone markiert.
- ✓ Die Stationen sind durch Pappschilder und/oder Pylone deutlich markiert.
- ✓ Nachdem die Stationen klar erkennbar markiert worden sind, werden sie noch einmal gemeinsam durchgegangen, damit alle Schüler wissen, was an welcher Station gemacht werden soll.
- ✓ Jeder Schüler erhält einen Stationenzettel mit den 4 Aufgaben.
- ✓ Jeder Schüler sucht sich zu Beginn eine Station aus, an der er beginnt.
- ✓ Auch die Abfolge danach ist freigestellt, da überall ausreichend Übungsmöglichkeiten bestehen, können die Schüler jederzeit wählen.
- ✓ Erfahrungsgemäß werden viele Schüler an der Station 1 beginnen, weil häufig wenig Vorerfahrungen vorhanden sind.
- ✓ Der Sportlehrer gibt durch Ansage oder Signal die Übungszeiten vor.
- ✓ Die Wurfrichtungen an den Stationen sind durch Pfeile verdeutlicht.

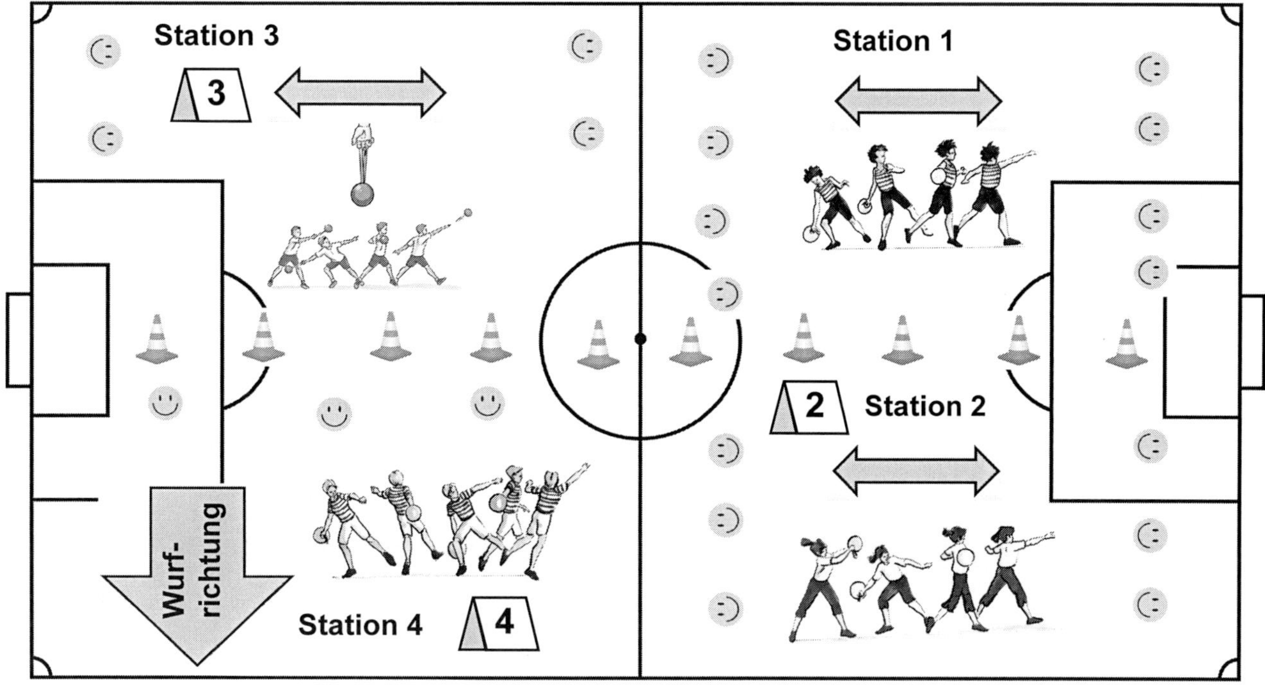

4. Lernbereich Leichtathletik – *Outdoor Fitness*

4.2 Vier Stationen: Schleuderballwurf – lernen und üben

Station 1

Organisation: Zu zweit gegenüber mit ausreichendem Abstand, auch seitlich.

Aufgabe: Wurf mit kurzer Schlaufe
Seitgrätschstellung, beim Rechtshänder zeigt die linke Schulter in Wurfrichtung. Der Schleuderball liegt hinter dem rechten Fuß:
Greife nun den Ball ganz unten an der Schlaufe (dort wo Schlaufe und Ball verbunden sind) und wirf ihn sofort nach vorn-oben ab.

Hinweise: Mehrmals wiederholen, bis der Bewegungsablauf immer sicherer und flüssiger wird. Achte dabei immer mehr auf den betonten Hüft- und Armeinsatz – „dem Ball lange nachlangen“. Es stehen sich immer 2 Schüler mit ausreichendem Abstand gegenüber. Auch auf seitlichen Abstand achten, ca. 5-7 m.

Material: Schleuderbälle 800 g und/oder 1000 g, Pylone

Station 2

Organisation: Zu zweit gegenüber mit ausreichendem Abstand, auch seitlich.

Aufgabe: Wurf mit einer Auftaktbewegung
Führe den Schleuderball mit kurzgefasster Schlaufe von hinten-unten seitwärts nach vorn-oben zur hochgehaltenen Hand. Schwinge danach den Ball sofort wieder zurück und wirf ihn anschließend nach vorn-oben ab.

Hinweise: Das auftaktartige Schwingen nach vorn-oben muss in der gleichen Richtung wie der eigentliche Wurf erfolgen – als „Einfühlen“ in die Bewegung.

Material: Schleuderbälle 800 g und/oder 1000 g, Pylone

Station 3

Organisation: Zu zweit gegenüber mit ausreichendem Abstand, auch seitlich.

Aufgabe: Wurf mit Auftaktbewegung und mittlerer/langer Schlaufe
Die Schlaufe des Schleuderballs liegt auf dem *zweiten Fingerglied des Zeige- und Mittelfingers*. Der Daumen greift von oben auf die Schlaufe:
Zum Ablauf siehe Station 2.

Hinweise: Beim Wurf mit langer Schlaufe muss die Verbindung zwischen Wurfarm und Schlaufe beachtet werden, d. h. die Schlaufe muss straff sein.

Tipp: Wirf erst dann mit langer Schlaufe, wenn der Ablauf mit mittlerer Schlaufe sicher ist.

Material: Schleuderbälle 800 g und/oder 1000 g, Pylone

Station 4

Organisation: Jeder übt für sich – alle werfen in eine Richtung – siehe Plan. Die Bälle werden zurückgeholt, wenn alle geworfen haben.

Aufgabe: Wurf mit Drehung
Führe die Auftaktbewegung aus und beginne mit der Drehbewegung, wenn der Ball wieder den Ausgangspunkt erreicht hat (sich hinter dem rechten Fuß befindet).

Hinweise: Übe die Drehung zunächst ohne Ball auf einer Linie:
Der Rechtshänder tritt aus der Seitgrätschstellung nach ½ Drehung um das linke Standbein mit dem rechten Fuß wieder auf die Linie. Mit der folgenden ½ Drehung nach hinten dreht er auf dem rechten Fuß dann weiter bis zur Abwurfrichtung und zum Abwurf.

Wichtig:

- Beim Abwurf eilt die Schulter voraus, der Wurfarm folgt nach, anschließend erfolgt die schlagartige Abwurfbewegung.
- Insgesamt erfährt der Ball von Beginn der Drehung bis zum Abwurf eine stetige Beschleunigung!
- Bei der Drehbewegung sind die Beine gebeugt, beim Abwurf gestreckt.
- Die Drehbewegung erfolgt flüssig.
- Die Schritte der Drehung müssen raumgewinnend sein (Vorwärtsbewegung).

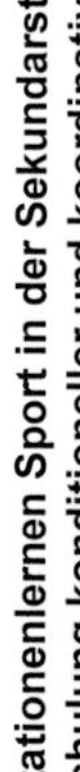

4. Lernbereich Leichtathletik – *Outdoor Fitness*

4.3 Vier Stationen: Werfen und Springen in Variationen (mit Pufferstation)

Auf dem Sportplatz lässt sich das Stationenlernen gut organisieren, weil ausreichend Platz zur Verfügung steht und die Stationen mit großem Abstand eingerichtet werden können. Wegen der räumlichen Abstände ist die Kenntlichmachung und Anordnung der Stationen besonders wichtig, damit die Schüler die Abfolge der Stationen klar erkennen können.

Das hier aufgezeigte Beispiel muss den jeweiligen örtlichen Voraussetzungen angepasst werden. Die bildlichen Darstellungen helfen sicher bei der Planung und Vorbereitung dieses Programms. Die Aufgaben an den Stationen stellen das Springen und Werfen variantenreich in den Vordergrund. Ein großer Vorteil der Aufgaben auf dem Sportplatz liegt sicher darin, dass meistens viele Schüler gleichzeitig oder mit kurzen Abständen nacheinander üben können.

Sollte es zu Staus kommen, können die Schüler eine „Pufferstation" in Anspruch nehmen und dort die „Wartezeit" übend verbringen. Dabei werden am Geländer des Sportplatzes „Skippings" ausgeführt.

Bei 24 Schülern und 4 Stationen werden eine Weitsprunggrube, eine Hochsprunganlage, Schlagbälle in ausreichender Anzahl, Pylone, evtl. alte Fahrradschläuche, 2 Hochsprungständer und 1 Zauberschnur benötigt.

- ✓ Offenes Stationenlernen an 4 Stationen in Einzelarbeit.
- ✓ Die Stationen werden unter Berücksichtigung der örtlichen Voraussetzungen aufgebaut/organisiert.
- ✓ Die Stationen sind durch Pappschilder und/oder Pylone deutlich markiert.
- ✓ Nachdem die Stationen positioniert worden sind, werden sie noch einmal gemeinsam durchgegangen, damit alle Schüler wissen, was an welcher Station gemacht werden soll.
- ✓ Jeder Schüler erhält einen Stationenzettel mit den 4 Aufgaben.
- ✓ Der Sportlehrer gibt durch Ansage oder Signal die Übungszeiten vor.
- ✓ Jeder Schüler sucht sich zu Beginn eine Station aus, an der er beginnt.
- ✓ Auch die Abfolge danach ist freigestellt, da überall ausreichend Übungsmöglichkeiten bestehen, können die Schüler jederzeit wählen.
- ✓ Evtl. wird auch die Anzahl der zu erledigenden Stationen freigestellt, wobei mindestens 3 Stationen zu bearbeiten sind.

Pufferstation

Aufgabe: Trittgeschwindigkeitsübungen – „Skippings":
Fasse mit beiden Händen das Geländer, der Körper ist in leichter Vorlage, und führe schnelle kleine Schritte auf der Stelle aus. Dabei werden die Knie bis zur Waagerechten angezogen.

Hinweise: Wenn das Tempo langsamer wird – sofort aufhören und nach einer kurzen Pause noch einmal beginnen.
Jeder Fuß muss 20-25mal aufgesetzt worden sein.
Danach eine kleine Pause machen und gleich noch einmal ausführen.

4. Lernbereich Leichtathletik – *Outdoor Fitness*

4.3 Vier Stationen: Werfen und Springen in Variationen

Station 1

Aufgabe: Werfen

Schleudere die Pylone und/oder den Fahrradschlauch hoch und weit über das Tor. Es wird nebeneinander und nacheinander geworfen. Erst wenn alle Schüler geworfen haben, werden die Geräte zurückgeholt.

Zu einfach?
Vergrößere den Abstand oder die Position zum Tor.

Material: Fußballtor, Pylone, alter Fahrradschlauch

Station 2

Aufgabe: Springen

5-7 Schritte Anlauf und Schersprung über die Schnur/Latte. Wichtig ist der schräge Anlauf, der erkennbare Schwungbeineinsatz, der Absprung mit dem schnurentfernten Bein und die sich anschließende Landung auf dem Schwungbein.

Hinweise: Der Schersprung ist ein sogenannter „Außensprung", d. h. es wird mit dem (von der Latte aus gesehen) äußeren Bein abgesprungen. Die Höhe der Schnur/Latte muss immer der jeweiligen Gruppe angepasst sein, d. h. die Höhe muss von allen Schülern ohne Probleme übersprungen werden können.

Zu einfach?
Verkürze den Anlauf und/oder vergößere die Sprunghöhe.

Material: Hochsprunganlage, Weichboden

Station 3

Aufgabe: „Zielgenau werfen"

Versuche mit einem intensiven „Schlagwurf" die stehende Pylone zu treffen bzw. umzuwerfen.

Hinweise: Es müssen erst alle Schüler geworfen haben, dann können die Schlagbälle zurückgeholt und die Pylone wieder aufgestellt werden.

Zu einfach?
Wähle einen weiteren Abstand zur Pylone.

Material: Schlagball, Pylone

Station 4

Aufgabe: Springen

5-7 Schritte Anlauf und Schrittweitsprung in die Weitsprunggrube.

Hinweise: Das Schwungbein schwingt nach dem Absprung weitgreifend nach vorn (Schrittstellung), das Sprungbein bleibt dabei zunächst hinter dem Körper. Erst kurz vor der Landung schwingt das Sprungbein zum Schwungbein vor.

Hinweise: Der Absprung kann vom Balken, aus einer Absprungzone oder auch von der Rasenkante erfolgen.

Zu einfach?
Verkürze den Anlauf und/oder springe frontal über eine gespannte Schnur.

Material: Weitsprunganlage, Hochsprungständer, Zauberschnur

4. Lernbereich Leichtathletik – *Outdoor Fitness*

4.4 Sechs Stationen: Trendsport – *Outdoor Fitness* im Park/Gelände

Trendsport – Outdoor Fitness kommt bei Jugendlichen in der Regel gut an. Warum also nicht ein Stationenlernen draußen – im Schulumfeld und/oder im nahegelegenen Park unter Ausnutzung der situativen Bedingungen und der örtlichen Gegebenheiten? Es ist wichtig, dass die Stationen zwar räumlich getrennt, aber trotzdem in einer überschaubaren Nähe liegen, d. h. alle Stationen müssen vom Sportlehrer beaufsichtigt und von den Schülern auch einsehbar nacheinander „bearbeitet" werden können. Ein großer Vorteil des Übens an Stationen im Freien liegt darin, dass meistens viele Schüler gleichzeitig üben und sogar Pflicht- und Wahlaufgaben an einer Station angeboten werden können. Außerdem kann durch die Vielzahl der Angebote evtl. sogar freigestellt werden, wieviel Stationen „abgearbeitet" werden sollten.

Die hier genannten Beispiele müssen unter Beachtung der Gegebenheiten vor Ort ergänzt bzw. modifiziert werden.

Bei 24 Schülern und 6 Stationen werden Parkbänke, Treppenstufen, Geländer und Bäume benötigt.

- ✓ Offenes Stationenlernen an 6 Stationen in Einzelarbeit.
- ✓ Die Stationen werden unter Berücksichtigung der örtlichen Voraussetzungen im Park/Gelände angelegt/organisiert.
- ✓ Die Stationen sind durch Pappschilder und/oder Pylone deutlich erkennbar markiert.
- ✓ Nachdem die Stationen positioniert worden sind, werden sie noch einmal gemeinsam abgegangen, damit alle Schüler wissen, was an welcher Station gemacht werden soll.
- ✓ Jeder Schüler erhält einen Stationenzettel mit den 6 Aufgaben.
- ✓ Der Sportlehrer gibt durch Ansage oder Signal die Übungszeiten vor. Trotz der räumlichen Abstände müssen die Signale von allen Schülern wahrgenommen werden können.
- ✓ Jeder Schüler sucht sich zu Beginn eine Station aus, an der er beginnt.
- ✓ Auch die Abfolge danach ist freigestellt, da überall ausreichend Übungsmöglichkeiten bestehen, können die Schüler jederzeit wählen.
- ✓ Evtl. wird auch die Anzahl der zu erledigenden Stationen freigestellt, wobei mindestens 4 Stationen zu bearbeiten sind.

Stationenlernen Sport in der Sekundarstufe
Schulung konditioneller und koordinativer Fähigkeiten – Bestell-Nr. 12 800

4. Lernbereich Leichtathletik – *Outdoor Fitness*

4.4 Sechs Stationen: Trendsport – *Outdoor Fitness* im Park/Gelände

Station 1

Pflicht-Aufgabe: Stütze dich mit den Händen schulterbreit auf der Sitzfläche (oder Lehne) der Bank ab, die Finger zeigen dabei nach vorn:
Beuge die Arme – der Blick geht zum Boden – anschließend die Arme wieder strecken. Wiederhole die Übung je nach Leistungsstand 7-15mal, nach einer kleinen Pause noch einmal. Versuche dich dann an der Wahlübung.

Hinweise: Während der Übung immer die Körperspannung halten. Gesäß und Schultern bleiben auf einer Linie – kein Hohlkreuz!
Diese Übung ist auch an einem stabilen Geländer möglich.

Material: Parkbank oder Geländer

Wahl-Aufgabe: Lege die Füße auf der Sitzfläche der Bank ab, beuge und strecke nun die Arme.

Station 2

Pflicht-Aufgabe: Stütze dich mit den Händen hinter dem Rücken auf der Kante der Bank ab. Die Füße werden mit den Fersen und gebeugten Knien aufgesetzt:
Beuge nun die Ellenbogen und senke den Oberkörper ab, bis die Oberarme fast parallel zum Boden verlaufen. Strecke danach die Ellenbogen und drück dich in die Ausgangsstellung hoch. Wiederhole die Übung je nach Leistungsstand 7-15mal, nach einer kleinen Pause noch einmal. Versuche dich dann an der Wahlübung.

Hinweise: Langsam und gleichmäßig ausführen – nicht ruckartig!

Material: Parkbank oder Geländer

Wahl-Aufgabe: Die Beine gestreckt nach vorn bringen und die Füße mit den Fersen aufsetzen. Beuge nun wieder die Ellenbogen und drücke dich danach wieder in die Ausgangsstellung zurück.

Hinweise: Je weiter die Füße vorn aufgesetzt werden, desto anspruchsvoller ist die Übung.

Station 3

Pflicht-Aufgabe: Stütze dich in der Bauchlage mit den Unterarmen ab. Die Beine sind hüftbreit geöffnet, die Füße werden mit den Zehen aufgesetzt. Hebe nun den ganzen Körper vom Boden ab, sodass eine gerade Linie entsteht. Bleibe ca. 5-10 sec in dieser Position, dann absenken. Wiederhole die Übung 5-7mal. Versuche dich dann an der Wahlübung.

Hinweise: Der Blick geht zum Boden, der Kopf bleibt in Verlängerung der Wirbelsäule.

Material: ---

Wahl-Aufgabe: Hebe während der Übung ein Bein leicht an.

Stationenlernen Sport in der Sekundarstufe
Schulung konditioneller und koordinativer Fähigkeiten – Bestell-Nr. 12 800

Station 4

Pflicht-Aufgabe: Sich mit dem Rücken an einen Baum anlehnen und die Füße hüftbreit aufsetzen: Langsames Beugen der Knie mit geradem Rücken, bis die Oberschenkel fast die Waagerechte erreicht haben. Einen Moment in dieser Position bleiben, dann wieder langsam in die Ausgansstellung zurückkommen.
Führe die Übung je nach Leistungsstand 7-15mal aus, nach einer kleinen Pause noch einmal. Versuche dich dann an der Wahlübung.

Material: Baum

Wahl-Aufgabe: Im freien Stand:
Langsam in die Kniebeuge gehen und zur gleichen Zeit die Arme in die Vorhalte führen.

Hinweise: Die Füße bleiben bei der Ausführung immer mit der ganzen Fläche auf dem Boden.

Station 5

Pflicht-Aufgabe: In der Rückenlage die Füße aufsetzen und die Hände ins Genick nehmen. Dein Partner hält die Füße fest: Nun langsam den Rumpf aufrollen, wobei der Kopf die Bewegung einleitet. So weit einrollen, bis der obere Beckenkamm gerade noch Bodenkontakt hat. Einen Moment so bleiben, dann langsam wieder absenken. Wiederhole die Übung 5-7mal, dann erfolgt Rollentausch. Versucht euch danach an der Wahlaufgabe.

Hinweise: Der Rücken bleibt dabei gerade.

Material: evtl. Unterlage

Wahl-Aufgabe: Zu zweit gegenüber sitzen – die Füße werden nebeneinander aufgesetzt und fixiert – man gibt sich gegenseitig Halt:
Heben und Senken des Oberkörpers wie in Pflicht-Aufgabe.

Station 6

Pflicht- Aufgabe: Kleinschrittig die Treppe hinauf laufen, jede Stufe muss dabei mit einem Fuß betreten werden. Oben angekommen sich schnell umdrehen und auf der anderen Seite der Treppe hinabgehen. Danach gleich wieder hinauf laufen – wiederhole diese Übung 3-5mal. Versuche dich dann an der Wahlübung.

Material: Treppenstufen

Wahl-Aufgabe: Schlusssprünge die Treppenstufen hinauf. Oben angekommen sich umdrehen und Schlusssprünge wieder nach unten.

Stationenlernen Sport in der Sekundarstufe
Schulung konditioneller und koordinativer Fähigkeiten – Bestell-Nr. 12 800
KOHL VERLAG

5. Lernbereich Sportspiele

5.1 Vier Stationen: Volleyball – vom Werfen zum Pritschen

Die Organisation von Spiel-Stationen ist aufwendiger und muss noch sorgfältiger geplant werden, weil die Aufgaben nicht immer „ortsfest" sind, sondern häufig mehr Raum für Bewegung benötigt wird. Die hier vorgeschlagene Anordnung der Stationen muss natürlich den jeweiligen örtlichen Voraussetzungen angepasst werden.

Bei 24 Schülern und 4 Stationen werden ca. 18-20 Volleybälle (evtl. auch Soft- oder Gymnastikbälle), 4 kleine Kästen, 1 Volleyballnetz und 1 Basketballkorb benötigt.

- ✓ Geschlossenes Stationenlernen an 4 Stationen.
- ✓ Jeder Schüler erhält einen Stationenzettel mit den 4 Aufgaben.
- ✓ Die Volleybälle (evtl. auch Gymnastik- oder Softbälle) werden in kleinen Kästen an den Stationen gelagert.
- ✓ An den Stationen 1, 2 und 3 ist Einzelarbeit mit etwas Abstand zu den anderen Mitschülern angesagt, an der Station 4 wird mit einem Partner geübt.
- ✓ Nachdem die Stationen (siehe Plan – das Netz sollte schon vorher aufgebaut werden) entsprechend kenntlich gemacht/markiert worden sind, werden die einzelnen Stationen noch einmal gemeinsam durchgegangen, damit alle Schüler wissen, was an welcher Station gemacht werden soll.
- ✓ Die Stationen sind durch Pappschilder und/oder Pylone markiert.
- ✓ Jeder Schüler wählt zu Beginn eine Station, an der er aufgrund seiner Vorerfahrungen beginnt und die er ohne Probleme ausführen kann. Danach sollte die vorgesehene Reihenfolge der Stationen eingehalten werden, d. h. wer an der Station 2 beginnt, geht danach zur Station 3 usw.
- ✓ Der Sportlehrer unterstützt manche Schüler bei ihren Versuchen und weist dabei auf wichtige Merkmale hin.
- ✓ Der Sportlehrer gibt die Übungszeiten durch Signal pro Station vor.

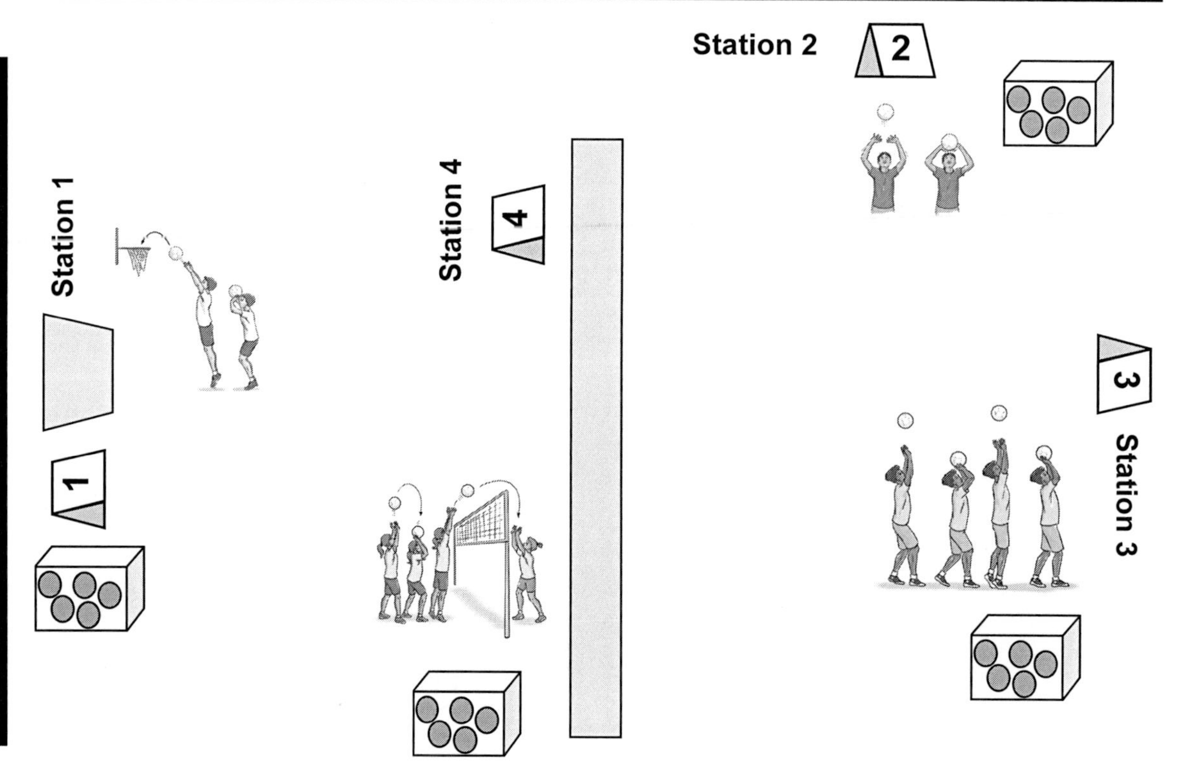

5. Lernbereich Sportspiele

5.1 Vier Stationen: Volleyball – vom Werfen zum Pritschen

Station 1

Aufgabe: Werfen

Halte den Ball mit beiden Händen vor dem Gesicht und wirf ihn in hohem Bogen in den Basketballkorb. Stellt euch im Halbkreis um den Korb auf.

Hinweise: Der Ball berührt dabei vor dem Wurf fast die Stirn. Mache eine leichte Kniebeuge vor dem Wurf. Strecke dich beim Wurf in die Wurfrichtung.

Zu einfach?
Verändere deine Position zum Korb – weiter weg – andere Winkel etc.

Material: Basketballkorb, Volleyball

Station 2

Aufgabe: Werfen – Fangen

Wirf deinen Ball mit beiden Händen senkrecht etwas über Kopfhöhe nach oben und fange den Ball mit dem „Körbchen" deiner Hände vor/über der Stirn wieder auf. Warte einen Moment und wirf den Ball wieder senkrecht hoch usw.

Hinweise: Daumen und Finger sind leicht gespreizt und gebeugt. Dadurch ähnelt die Haltung der Hände während der Ballannahme der Form eines Körbchens. Daumen und Zeigefinger bilden ein kleines Dreieck.

Zu einfach?
Wirf den Ball etwas höher oder prelle den Ball kräftig auf den Boden, gehe dann unter den Ball und fange ihn auf.

Material: Volleyball

Station 3

Aufgabe: Werfen – Pritschen – Fangen

Wirf den Ball wie gewohnt senkrecht etwas über Kopfhöhe nach oben, nimm ihn dicht vor/über der Stirn an und „pritsche" ihn dann gleich wieder nach oben und fange ihn danach mit dem „Körbchen" deiner Hände wieder auf.

Wichtige Merkmale beim Pritschen!
Zeigefinger und Daumen bilden ein Dreieck, die Handrücken zeigen zur Stirn. Der Ball wird hauptsächlich durch Daumen, Zeigefinger und Mittelfinger angenommen. Die gespannten Finger und Hände federn elastisch zurück. Danach erfolgt eine Streck-Drehbewegung in den Handgelenken. Die Armbewegung wird durch die Bein- und Körperstreckung unterstützt.

Zu einfach?
Wirf den Ball etwas höher an.

Material: Volleyball

Station 4

Aufgabe: Werfen – Pritschen

Wirf den Volleyball etwas über Kopfhöhe nach oben und pritsche ihn dann über das Netz (die Schnur) zum Partner. Dieser fängt den Ball auf, wirft ihn nun auch hoch und pritscht den Ball wieder zurück.

Zu einfach?
Pritscht den Volleyball direkt zurück.

Material: Netz, Volleyball

5. Lernbereich Sportspiele

5.2 Vier Stationen: Volleyball – vom Werfen zum Baggern

Die Organisation von Spiel-Stationen ist aufwendiger und muss noch sorgfältiger geplant werden, weil die Aufgaben nicht immer „ortsfest“ sind, sondern häufig mehr Raum für Bewegung benötigt wird. Die hier vorgeschlagene Anordnung der Stationen muss den jeweiligen örtlichen Voraussetzungen angepasst werden.

Bei 24 Schülern und 4 Stationen werden ca. 18-20 Volleybälle (evtl. auch Soft- oder Gymnastikbälle), 3 kleine Kästen und 4 Gymnastikreifen benötigt.

- ✓ Geschlossenes Stationenlernen an 4 Stationen.
- ✓ Jeder Schüler erhält einen Stationenzettel mit den 4 Aufgaben.
- ✓ Die Volleybälle (evtl. auch Gymnastik- oder Softbälle) werden in ausgelegten Reifen an den Stationen gelagert.
- ✓ Die Station 1 wird in Einzelarbeit ausgeführt, danach sucht sich jeder einen etwa gleich großen Partner. Die Stationen 2,3 und 4 werden in Partnerarbeit absolviert.
- ✓ Nachdem die Stationen entsprechend kenntlich gemacht/markiert worden sind, werden die einzelnen Stationen noch einmal gemeinsam durchgegangen, damit alle Schüler wissen, was an welcher Station gemacht werden soll.
- ✓ Die Stationen sind durch Pappschilder und/oder Pylone markiert.
- ✓ Jedes Schüler wählt zu Beginn eine Station, an der er aufgrund seiner Vorerfahrungen beginnt und die er ohne Probleme ausführen kann. Danach sollte die vorgesehene Reihenfolge der Stationen eingehalten werden, d. h. wer an der Station 2 beginnt, geht danach zur Station 3 usw.
- ✓ Der Sportlehrer unterstützt manche Schüler bei ihren Versuchen und weist dabei auf wichtige Merkmale hin.
- ✓ Der Sportlehrer gibt die Übungszeiten durch Signal pro Station vor.

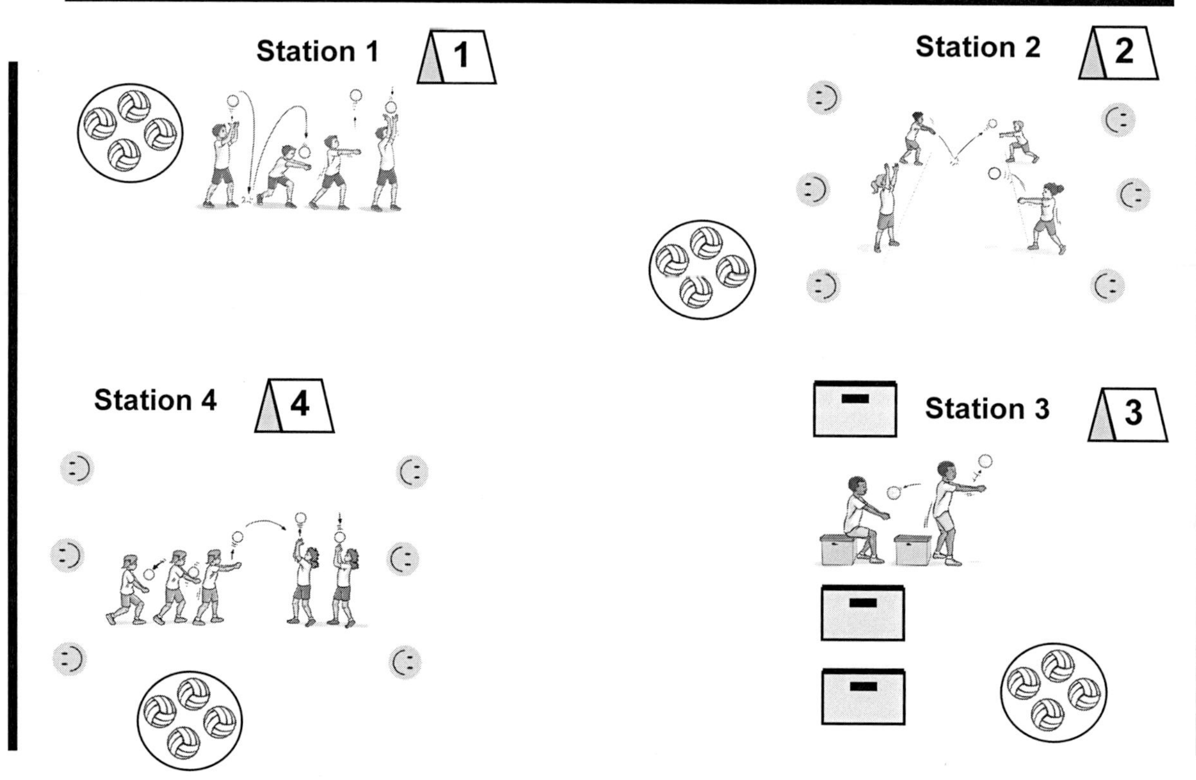

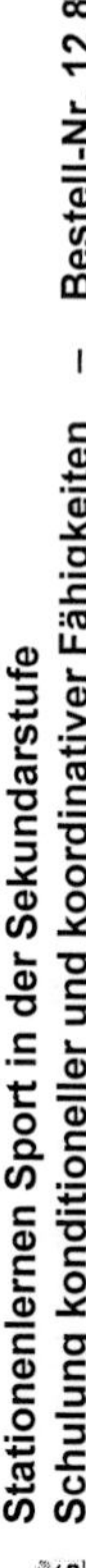

5. Lernbereich Sportspiele

5.2 Vier Stationen: Volleyball – vom Werfen zum Baggern

Station 1

Aufgabe: Ball anwerfen, baggern und fangen

Wirf den Ball etwas nach oben an, lass ihn einmal auf den Boden prellen, nimm die richtige Position ein, schließe die Arme vor dem Körper und baggere den Ball hoch in die Luft, sodass du ihn anschließend fangen kannst.

Hinweise: Wirf den Ball nicht zu hoch an; halte die Arme waagerecht zum Boden; schließe die Arme weit vor dem Körper; der Impuls kommt aus den Beinen. Wiederhole die Übung, bis du ganz sicher bist.

Zu einfach?
Wirf den Ball etwas weiter nach vorn.

Material: Volleyball

Station 2

Aufgabe: Indirekt werfen und baggern

Zwei Partner stehen sich gegenüber:
Dein Partner wirft den Ball indirekt (mit einem Aufpreller) zu dir – gehe rechtzeitig in die richtige Position und baggere den Ball zum Partner zurück, sodass dieser den Ball fangen kann.
Rollentausch vornehmen nach 5mal Zuwerfen.

Hinweise: Nimm rechtzeitig die richtige Position ein.

Zu einfach?
Vergrößert den Abstand zwischen euch.

Material: Volleyball

Station 3

Aufgabe: Zwei Partner stehen sich gegenüber. Setze dich auf den kleinen Kasten und nimm einen Fuß zurück (Schrittstellung):
Dein Partner wirft dir den Ball beidhändig von unten zu, baggere den Ball beim Aufstehen zum Partner zurück.
Rollentausch vornehmen nach 5mal Zuwerfen.

Hinweise: Spiele möglichst genau den Ball deinem Partner zu.

Zu einfach?
Variiert den Abstand zwischen euch, mal etwas geringer, mal etwas größer.

Material: kleiner Kasten, Volleyball

Station 4

Aufgabe: Zwei Partner stehen sich gegenüber:

Dein Partner wirft dir den Ball beidhändig von unten zu. Nimm rechtzeitig die richtige Position ein und baggere den Ball zu deinem Partner zurück, sodass dieser den Ball möglichst zuerst hochpritschen und dann fangen kann.
Rollentausch vornehmen nach 5mal Zuwerfen.

Zu einfach?
Variiert den Abstand zwischen euch, mal etwas geringer, mal etwas größer.

Material: Volleyball

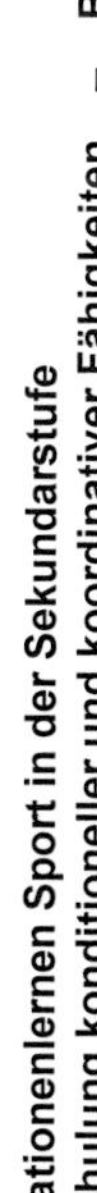

Stationenlernen Sport in der Sekundarstufe
Schulung konditioneller und koordinativer Fähigkeiten – Bestell-Nr. 12 800
KOHL VERLAG

5. Lernbereich Sportspiele

5.3 Fünf Stationen: Basketball – vom Werfen zum Passen

Die Organisation von Spiel-Stationen ist aufwendiger und muss noch sorgfältiger geplant werden, weil die Aufgaben nicht immer „ortsfest“ sind, sondern häufig mehr Raum für Bewegung benötigt wird. Die hier vorgeschlagene Anordnung der Stationen muss den jeweiligen örtlichen Voraussetzungen angepasst werden.

Bei 24 Schülern und 5 Stationen werden ca. 18-20 Basketbälle (evtl. auch Volley- oder Gymnastikbälle), 1 großer Kasten und 5 Gymnastikreifen benötigt.

- ✓ Geschlossenes Stationenlernen an 5 Stationen.
- ✓ Jeder Schüler erhält einen Stationenzettel mit den 5 Aufgaben.
- ✓ Die Basketbälle werden in Gymnastikreifen an den Stationen gelagert.
- ✓ Die Stationen 1, 3 und 5 werden in Partnerarbeit, die Stationen 2 und 4 werden in Einzelarbeit ausgeführt.
- ✓ Nachdem die Stationen mit den benötigten Bällen und Geräten ausgestattet und kenntlich gemacht/markiert worden sind, werden die Aufgaben an den einzelnen Stationen noch einmal gemeinsam durchgegangen, damit alle Schüler wissen, was an welcher Station gemacht werden soll.
- ✓ Die Stationen sind durch Pappschilder und/oder Pylone markiert.
- ✓ Jeder Schüler wählt zu Beginn eine Station, an der er aufgrund seiner Vorerfahrungen beginnt und die er ohne Probleme ausführen kann. Danach sollte die vorgesehene Reihenfolge der Stationen eingehalten werden, d. h. wer an der Station 2 beginnt, geht danach zur Station 3 usw.
- ✓ Der Sportlehrer unterstützt manche Schüler bei ihren Versuchen und weist dabei auf wichtige Merkmale hin.
- ✓ Der Sportlehrer gibt die Übungszeiten durch Signal pro Station vor.

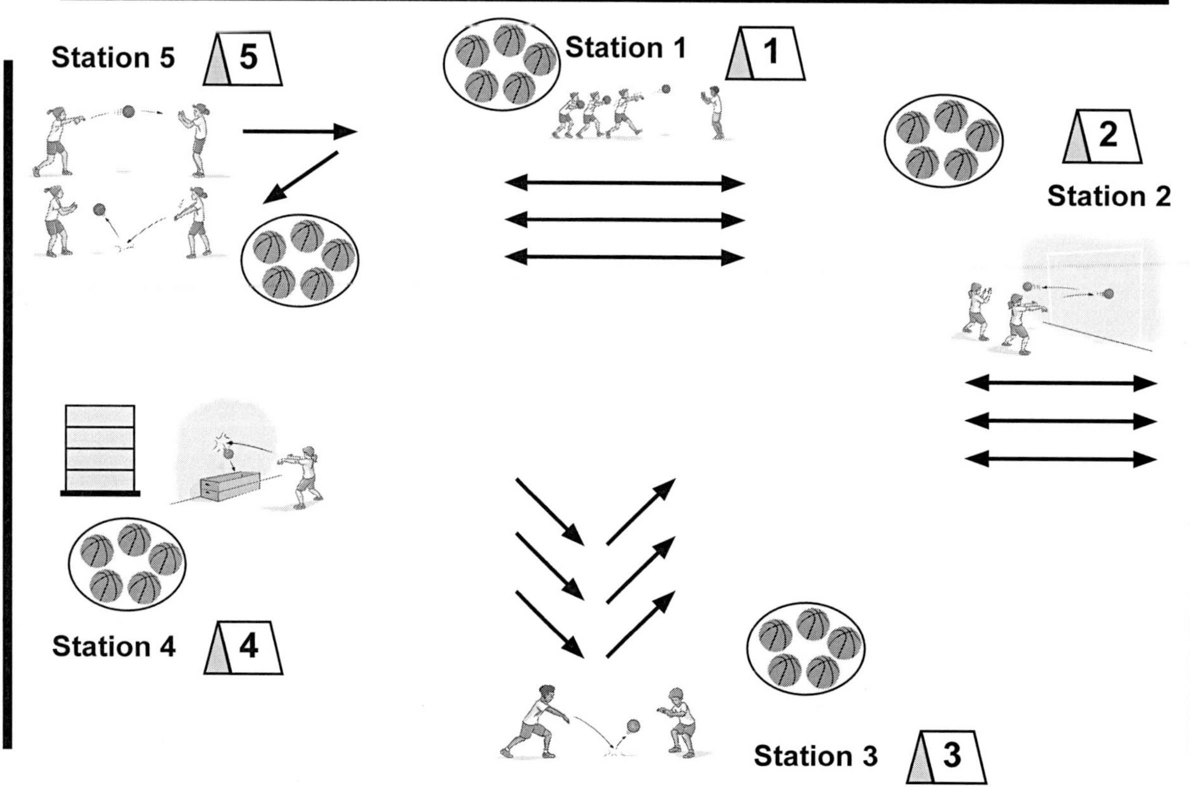

5. Lernbereich Sportspiele

5.3 Fünf Stationen: Basketball – vom Werfen zum Passen

Station 1

Aufgabe: Druckpass

Zwei Partner stehen sich gegenüber. Halte den Basketball mit beiden Händen in Brusthöhe, die Daumen zeigen dabei zueinander und die Finger sind gespreizt (große Kontaktflächen mit dem Ball):
Spiele nun den Ball deinem Partner zu, dabei werden die Arme weit ausgestreckt und die Hände zeigen nach dem Wurf weit nach außen. Der Partner streckt die Arme nach vorn und fängt den Ball. Dabei zeigen die Handflächen des Fängers zum Passgeber und die Daumen nach innen. Danach wirft er den Ball zurück.

Hinweise: Der Druckpass wird für gewöhnlich von Brusthöhe aus durchgeführt, weshalb er auch oft *Brustdruckpass* oder *Brustpass* genannt wird.

Zu einfach?
Verändert die Abstände zwischen euch und/oder erhöht das Zuspieltempo.

Material: Basketball

Station 2

Aufgabe: Wirf den Basketball mit einem Druckpass gegen die Wand und fange ihn danach gleich wieder auf. Spiele möglichst viele Pässe gegen die Wand, ohne dabei den Ball zu verlieren – übe rhythmisch!

Zu einfach?
Vergrößere den Abstand zur Wand.

Material: Basketball

Station 3

Aufgabe: Bodenpass

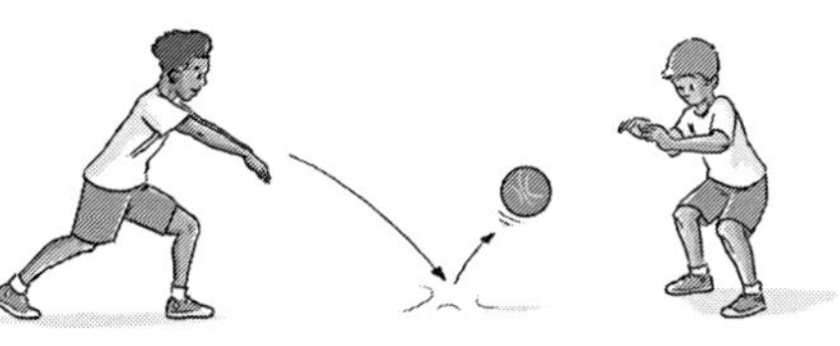

Zwei Partner stehen sich gegenüber:
Spiele den Ball deinem Partner mit einem Bodenpass zu.
Der Bodenpass sollte in Hüfthöhe vom Partner angenommen werden.

Zu einfach?
Verändert die Abstände zwischen euch und/oder erhöht das Zuspieltempo.

Material: Basketball

Station 4

Aufgabe: Wirf den Basketball mit einem Druckpass über die Wand indirekt in den offenen großen Kasten.

Zu einfach?
Vergrößere den Abstand zur Wand.

Material: großer Kasten, Basketball

Station 5:

Aufgabe: Zwei Partner stehen sich gegenüber:
Passt euch den Basketball im Wechsel jeweils mit einem Druckpass zu – mal direkt, mal mit einem Bodenpass.

Zu einfach?
Verändert die Abstände zwischen euch und/oder erhöht das Zuspieltempo.

Material: Basketball

Stationenlernen Sport in der Sekundarstufe
Schulung konditioneller und koordinativer Fähigkeiten – Bestell-Nr. 12 800

5. Lernbereich Sportspiele

5.4 Fünf Stationen: Basketball – Dribbeln und Korbleger

Die Organisation von Spiel-Stationen ist aufwendiger und muss noch sorgfältiger geplant werden, weil die Aufgaben nicht immer „ortsfest“ sind, sondern häufig mehr Raum für Bewegung benötigt wird wie bei den Stationen 2 und 4. Die hier vorgeschlagene Anordnung der Stationen muss den jeweiligen örtlichen Voraussetzungen angepasst werden.

Bei 24 Schülern und 5 Stationen werden ca. 18-20 Basketbälle (evtl. auch Volley- oder Gymnastikbälle), 1 Turnbank, 4-6 Pylone, 5 Gymnastikreifen und ein Basketballkorb benötigt.

- ✓ (Offenes) Stationenlernen an 5 Stationen in Einzelarbeit.
- ✓ Jeder Schüler erhält einen Stationenzettel mit den 5 Aufgaben.
- ✓ An den Stationen 1 und 3 können mehrere Schüler gleichzeitig üben. An den Stationen 2, 4 und 5 wird nacheinander mit etwas Abstand geübt.
- ✓ Die Basketbälle werden in Gymnastikreifen an den Stationen gelagert und nach Gebrauch immer wieder dorthin zurückgelegt.
- ✓ Nachdem die Stationen mit den Geräten und Bällen ausgestattet und kenntlich gemacht/markiert worden sind, werden die Aufgaben an den einzelnen Stationen noch einmal gemeinsam durchgegangen, damit alle Schüler wissen, was an welcher Station gemacht werden soll.
- ✓ Die Stationen sind durch Pappschilder und/oder Pylone markiert.
- ✓ Jeder Schüler wählt zu Beginn eine Station, an der er beginnt. Danach sollte die vorgesehene Reihenfolge der Stationen eingehalten werden, ist aber nicht zwingend erforderlich. Wichtig ist aber, dass genügend Platz und Bälle zur Verfügung stehen.
- ✓ Der Sportlehrer unterstützt manche Schüler bei ihren Versuchen und weist dabei auf wichtige Merkmale hin.
- ✓ Der Sportlehrer gibt die Übungszeiten durch Signal pro Station vor.

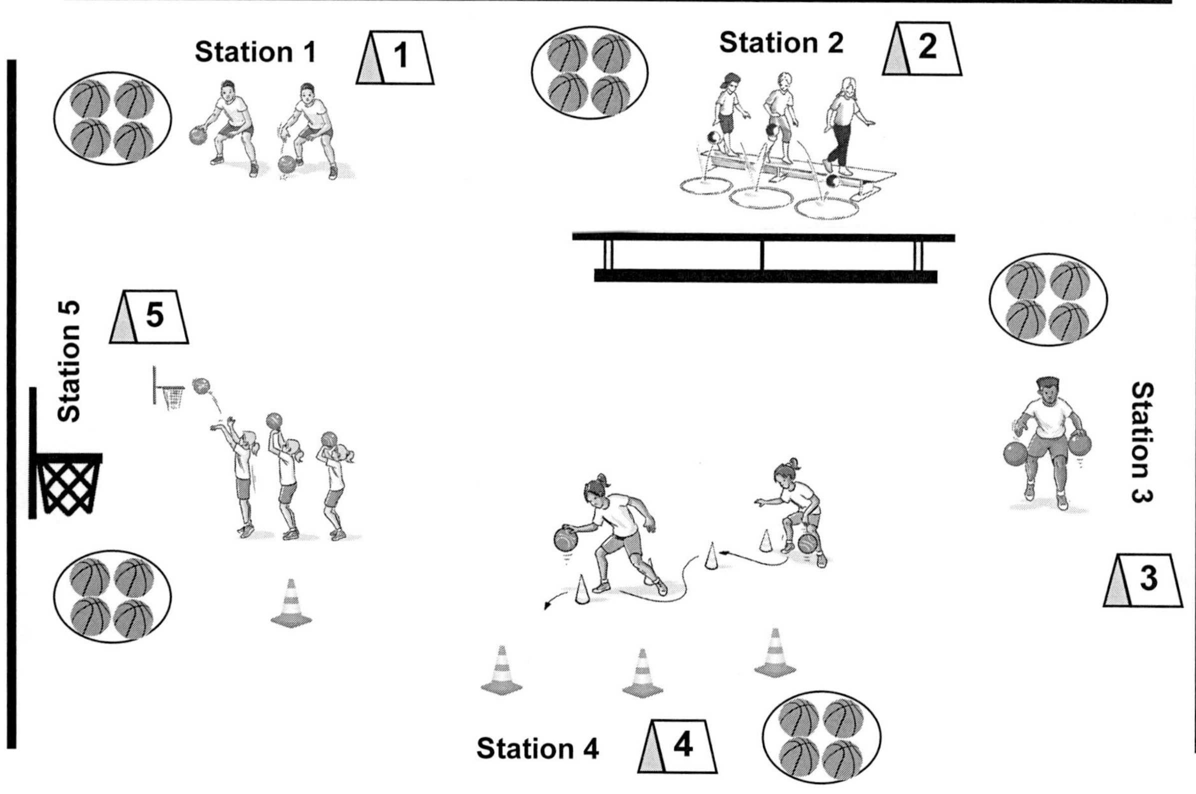

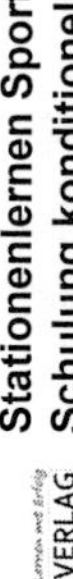

Station 1

Aufgabe: Ballhandling und Dribbling im Stand
Drücke den Ball aus dem Handgelenk auf den Boden. Achte dabei auf die gespreizten Finger – nur die Finger berühren den Ball, nicht die Handfläche. Der Ball sollte nicht über Brusthöhe kommen und nicht unter Hüfthöhe. Dribble abwechselnd hoch und tief – vor und neben dem Körper.

Zu einfach?
Dribble einen Achterkreis um die Beine.

Material: Basketball

Station 2

Aufgabe: Balancierdribbling
Gehe über die Turnbank und dribble den Ball. Versuche dabei den Ball immer in die ausgelegten Reifen zu prellen.

Zu einfach?
- Übe mit der schwächeren Hand.
- Drehe die Bank um – Balancieren über den Balken und Dribbeln.

Material: Basketball, Turnbank

Station 3

Aufgabe: Paralleldribbling
Dribble 2 Basketbälle gleichzeitig. Übe zunächst auf der Stelle und gehe anschließend langsam vorwärts, ohne dabei die Bälle zu verlieren.

Zu einfach?
- Gehe auch seit- und rückwärts.
- Prelle die Bälle unterschiedlich hoch.

Material: Basketbälle

Stationenlernen Sport in der Sekundarstufe – Bestell-Nr. 12 800
Schulung konditioneller und koordinativer Fähigkeiten

5. Lernbereich Sportspiele

5.4 Fünf Stationen: Basketball – Dribbeln und Korbleger

Station 1

Aufgabe: Ballhandling und Dribbling im Stand

Drücke den Ball aus dem Handgelenk auf den Boden. Achte dabei auf die gespreizten Finger – nur die Finger berühren den Ball, nicht die Handfläche. Der Ball sollte nicht über Brusthöhe kommen und nicht unter Hüfthöhe. Dribble abwechselnd hoch und tief – vor und neben dem Körper.

Zu einfach?

Dribble einen Achterkreis um die Beine.

Material: Basketball

Station 2

Aufgabe: Balancierdribbling

Gehe über die Turnbank und dribble den Ball. Versuche dabei den Ball immer in die ausgelegten Reifen zu prellen.

Zu einfach?

- Übe mit der schwächeren Hand.
- Drehe die Bank um – Balancieren über den Balken und Dribbeln.

Material: Basketball, Turnbank

Station 3

Aufgabe: Paralleldribbling

Dribble 2 Basketbälle gleichzeitig. Übe zunächst auf der Stelle und gehe anschließend langsam vorwärts, ohne dabei die Bälle zu verlieren.

Zu einfach?

- Gehe auch seit- und rückwärts.
- Prelle die Bälle unterschiedlich hoch.

Material: Basketbälle

Station 4

Aufgabe: Slalomdribbling

Dribble im Slalom um die Pylone (gedachte Gegenspieler). Wechsle dabei die Hand, sodass der Basketball immer außen, d. h. mit der von der Pylone entfernten Hand gedribbelt wird, um ihn vor den „Gegenspielern" zu schützen.

Zu einfach?

Dribble mit der schwächeren Hand.

Material: Basketball

Station 5

Aufgabe: Standwurf

Wirf den Basketball aus dem Stand in den Korb. Der Ball liegt auf den Fingern und den Fingerwurzeln. Beim Rechtshänder führt die rechte Hand die Wurfbewegung aus, während die linke Hand den Ball bis zum Zeitpunkt des Wurfs stützt und fixiert. Mit Pylonen werden unterschiedliche Positionen am Korb festgelegt. Führe den Standwurf von verschiedenen Positionen aus.

Zu einfach?

Vergrößere den Abstand und/oder die Stellung zum Korb.

Material: Basketball, Pylone

Stationenlernen Sport in der Sekundarstufe
Schulung konditioneller und koordinativer Fähigkeiten – Bestell-Nr. 12 800
KOHL VERLAG